KB237413

뮤지엄건축

도시 속의 박물관과 미술관

차례
Contents

문화시설로서의 뮤지엄건축

뮤지엄(Museum)은 박물관과 미술관을 포함하는 광의의 개념으로 사용되는 용어이다. 한국어로 번역하지 않고 굳이 '뮤지엄'이라는 외래어를 사용하는 이유는 이 용어가 앞으로 보편적으로 사용될 것으로 예측되기 때문이다.

한 시대의 예술과 문화는 각각의 영역에서 이루어지는 예술성으로 만들어지는 것이지만, 이것이 실제 '사회화'되는 것은 문화시설을 매개로 할 때에 가능해진다. 이와 같은 의미에서 역사물들은 '선조들의 혼'뿐만 아니라 어를 전달할 '뮤지엄'을 필요로 한다.

오늘날까지 예술이 활기차게 진화해왔던 것처럼 뮤지엄건축 또한 진보되어 왔다. 특히 현대의 뮤지엄건축은 현대 미술

미국 밀워키 미술관의 전시장 겸 통로.
전시실 양측 통로는 공룡의 뼈대를 연상케 하는 구조의 노출이 강하게 드러난다.

의 특징인 '다양한 실험성' 만큼이나 예술성을 그 주제로 삼고 있다. 게다가 예술의 대중화라는 시대적인 요구에 의해 뮤지엄들은 이제 없어서는 안 될 문화공간이 되었다.

얼마 전만 해도 특수건축의 하나로 여겨지던 뮤지엄건축이 문화정책(1988년의 문화부 창설과 지자제실시)의 강화와 문화수준의 향상으로 인해 이제는 주요한 건축의 대상이 되어가고 있다. 그러나 아직도 우리나라의 문화·예술시설은 그다지 만족스러운 수준이 아니기 때문에 보다 적극적인 투자가 요구된다.

필자가 이 분야에 깊은 관심을 갖게 된 것은 가장 선진적인 시대정신을 갖고 있는 뮤지엄건축이 건축을 진화시키고 있다는 것을 1977년부터 다녔던 유럽과 미국여행을 통해서 깨닫기 시작하면서부터였다. 뮤지엄건축은 어느 건축분야보다도 작가와 사회의 상호관계 위에서 이루어지는 것이므로, '시대

프랑스의 대표적인 뮤지엄인 대 루브르 미술관. 궁전건물을 개조하여 만들어졌다.

의 거울'이라는 건축의 의미를 가장 잘 함축하고 있다. 유럽에서는 일찍부터 뮤지엄과 뮤지엄문화가 형성되어왔으며, 이에 더 나아가 미국은 유럽의 그것들에 더하여 새로운 뮤지엄의 개념을 개척하였다.

하지만 이에 비해 우리나라의 뮤지엄건축은 역사가 짧고 미약하기 때문에 아직도 초기 모더니즘 양태를 벗어나지 못하고 있다. 그런 의미에서 다음과 같은 의문이 제기될 수 있겠다.

- 뮤지엄은 누구를 위한 것이고, 사회를 위하여 어떤 일을 해야 하는가?
- 단순히 보이는 것(Show)만이 목적인가?
- 새로운 뮤지엄을 건립하려는 건축가와 운영관계자들이 방문객의 행태(行態)에 얼마나 깊은 관심을 두고 있는가?

- 오늘날의 경향은 무엇인가?
- 왜 우리는 유럽이나 미국과는 달리 어느 곳을 가나 유
  사한 뮤지엄 분위기를 연출하고 있는가?

뮤지엄의 역사와 사회적 역할

　고전적인 의미에서 ‘뮤지엄’은 오늘날 우리에게 다가오는 의미와는 달리 신(神)에게 바치기 위한 ‘수집품’ 그 자체를 의미하였다. 이러한 원전적(原典的)인 의미에서 오늘날의 기능을 가지게 된 것은 기원전 3세기경 프토레마오스(Ptolemaios) I세가 고대 이집트의 유물들을 알렉산드리아 궁전에 수장(收藏)하면서부터였다고 볼 수 있다.

　프토레마오스 II세는 부왕(父王)의 뜻을 이어 궁전 일부에 각종 수집품(철학자의 조각, 진귀한 보물, 미술품)을 모은 후에 이곳을 ‘뮤제옹(museion)’이라 하였다. 이곳에서는 단순히 유물들을 모아놓는 것에 그친 것이 아니라 그리스 학자들을 초청하여 문예와 철학을 연구하며 교제하는 장소 등으로 활용하기

세계 3대 뮤지엄의 하나인 영국의 대영 박물관.

도 했다고 한다. 다시 말해 초기의 뮤지엄은 단순한 신전으로서의 기능뿐만 아니라 뮤즈(Muse)신을 위해 문예·철학을 봉사하는 의미 또한 가졌던 곳이었다.[1]

16세기 르네상스시대만 해도 뮤지엄의 개념은 '수집품을 수납하는 시설' 정도에 그쳤으나 현대에 이르러 '일반에의 공개'가 보편화되면서 사회적인 개념이 강화되었다. 즉 '귀족사회의 사유형식＝뮤지엄'이라는 개념에서 벗어나 점차 사회적인 의미를 갖기 시작한 것이다. 17세기 이후부터는 공공성이 부각되었다. 룩셈부르크·대영·루브르 뮤지엄 등이 일반에게 개방되었던 것도 이 시기였다.

19세기에 이르러 유럽의 신흥도시들이 뮤지엄을 통해 시민의 문화적인 긍지를 높이고 교육적인 효과를 기대함에 따라 뮤지엄은 하나의 공공문화시설로서 성격을 가지게 되었다. 현대에 이르러 변화된 이러한 개념은 1974년에 열린 국제뮤지엄협의회(ICOM)[2] 총회에서 뮤지엄의 개념과 역할을 '사회를 위하여, 그리고 사회의 발전을 위하여 봉사하는 비영리적인 상설기관'이라는 규정을 통해 명백해졌다. 이는 '수장고'라는 과거의 오랜 정의에서 벗어난 뮤지엄이 오늘날 가져야 하는 역할을 제시해준 것이라 할 수 있겠다.

이 시기 이후 내부적으로는 심도 있는 전문화, 외부로는 폭넓은 대중화가 이루어지면서 근대 뮤지엄은 진보적으로 발전하였다. 즉 뮤지엄은 첫째, 복합형에서 분화되었고, 둘째, 도시의 장식물에서 국민교육의 장으로 전환되었으며, 셋째, 그 대상 역시 전문가에서 일반대중으로 확대되었다.

뮤지엄의 원조는 유럽이라 할 수 있지만, 새로운 뮤지엄의 개념을 개척하기까지는 미국의 역할이 컸다. 전자가 오랜 전통과 역사를 자랑하고 중요시한다면 후자는 개척정신과 첨단 과학기술 및 막대한 투자를 바탕으로 뮤지엄건축과 문화를 발전시켜왔다.[3] 특히 20세기에 미국에서 뮤지엄이 발전하게 된 것은 경제성장과 초재벌들의 등장이 주요한 이유가 되었다. 당시 카네기, 몰간, 필립, 메론, 록펠러 등의 초재벌들이 상속이나 세제혜택을 받기위해 컬렉션을 기증하거나 사들이는 등

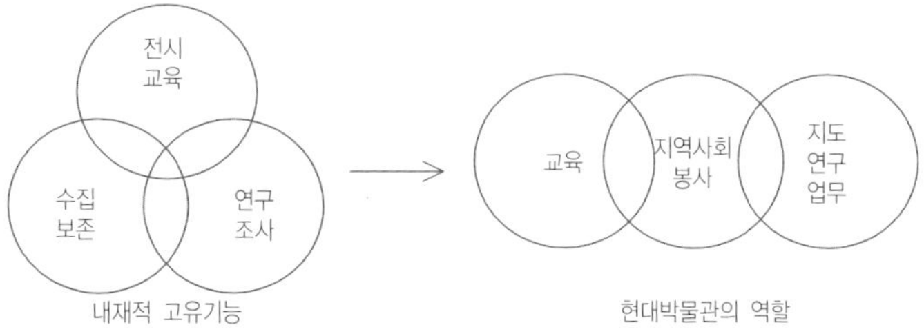

내재적 고유기능   현대박물관의 역할

뮤지엄을 적극적으로 지원했기 때문이었다.

뮤지엄의 고유기능은 수집·보존, 조사·연구, 전시·교육으로 대별된다. 이것은 뮤지엄의 내재적인 기능, 즉 예술품을 수집하고 연구하여 전시하는 기능으로 인간의 생활과 더불어 시작되었기 때문에 그다지 특별한 것은 아니다. 이와 아울러 사회적인 의미와 교육적인 역할에 따라 현대 뮤지엄의 역할은 교육·보급활동, 지역사회봉사, 지도·연구업무로도 변환되고 있는 실정이다.

뮤지엄에 교육적인 기능이 추가되면서 일반인들에게 개방되기 시작하였다. 이에 따라 도시의 장식에 불과하였던 뮤지엄이 점차 국민의 교육장으로 전환되었으며, 전문가에서 일반대중으로 그 대상 역시 확대되었다. 따라서 뮤지엄은 사회 공공기관으로서 다음과 같은 역할을 고려하여야 한다.

- 운영상의 측면에서는 무료공개의 원칙과 경영주체의 공공적인 성격이 확립되어야 한다.
- 내용상의 측면에서는 자료가 지닌 법칙, 속성을 체계적으로 연구·보급하여야 한다.
- 활동상의 측면에서는 대중을 대상으로 한 적극적인 사회교육활동을 담당하여야 한다.
- 제도상의 측면에서는 뮤지엄 고유의 공공적인 가치를 사회적으로 인정하여야 한다.

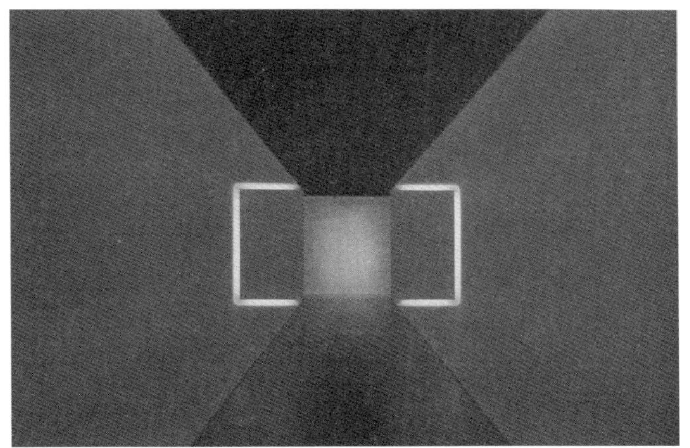

미국 휴스턴 미술관 구관과 신관의 지하연결통로.

　뮤지엄건축은 어느 시대에서나 특별한 의미를 가지고 있었는데, 특히 문화사적인 의미에서 그러하다. 이는 뮤지엄이 한 시대와 사회의 문화적인 면모를 직접적으로 대변해주고 있기 때문이다. 그리고 그 시대의 진보를 이끌었던 건축작업이 대개가 뮤지엄건축이었다는 것에도 주목할 필요가 있다. 뮤지엄건축은 작가의 표현성에 대한 주변의 간섭이 비교적 덜하기에 건축가 자신의 건축이념을 보다 잘 나타낼 수 있기 때문이다.

　이러한 건축문화적인 역할에 의해 뮤지엄건축은 근대 이후 대략 3개의 시대를 거치며 변화하였다. 이 때의 변화란 단순히 건축양식에서의 전환이 아닌, 그 시대의 사회적인 역할과 그에 따른 내재적인 기능의 진화를 의미한다.

낭만주의와 모더니즘을 거쳐 오늘에 이르기까지 그러한 형식적 세대론은 다음과 같이 구분된다.

근대 뮤지엄의 시기

이 시기는 역사·미술계 뮤지엄의 원형이 되는 신켈(Karl Friedrich van Schinkel)의 공간구조로부터 모더니즘의 뮤지엄이 시작된 시기이다. 전시·운영체계의 근대화와 범용적인 공간구조를 특징으로 하는 시기로서 국제주의, 구조주의의 미학에 바탕을 두고 표현하는 경향이 나타난다.

미스 반 데 로에가 설계한 베를린 신 국립미술관. 옛 신전처럼 기단 위에 올려놓은 본채가 단순한 구조미를 자랑하고 있는 대표적인 국제주의 건축양식으로 지어진 뮤지엄이다.

후기모더니즘의 시기

루이스 칸이 설계한 미국 포트월스 킴벨 미술관으로 규칙적인 내부공간이 볼트구조로 반복되어
있는 후기모더니즘의 대표적인 뮤지엄이다.

다채로운 전시체계와 내부공간
이 외연화되는 경향이 나타나는 시
기가 이 때이다. 동시에 뮤제오로지
(Museology)의 전문화와 사회적인 역
할이 강조되기도 하는데, 다이너미
즘에 기반한 공간적이고 기술적인
표현이 강하게 나타나기도 한다.

다원의 시기

사회·문화적인 의미의 확대와 전

스페인 빌바오의 구겐하임 미술관.
프랭크 게리가 설계한 미술관으로
포스트 모더니즘을 다채롭게 표현하
고 있다.

문뮤지엄으로서의 개별성을 갖는 제3세대의 뮤지엄개념이 나타나고, 전시내용과 건축적인 해결의 결합이 보다 강해지는 시기이다. 표현의 경향 역시 클래식 모더니즘, 문맥주의, 포스트모더니즘, 해체건축 등 다채로워진다.

도시활성화를 위한 문화전략과 뮤지엄건축

도시마다 우리들 기억에 남는 강한 이미지들이 있다. 그것은 역사적인 도로나 광장일 수도 있고, 랜드마크가 될 만한 건축물이나 상징성인 조형물일 수도 있으며, 문화풍경(Culturescape)일 수도 있을 것이다. 이에 따라 서구의 많은 도시들은 각 도시를 활성화시키거나 관광자원을 마련하기 위해 문화시설을 집단적으로 조성해 왔다.

그 대표적인 사례로는 유행이나 문화예술의 첨단을 걸어온 파리를 들 수 있다. 프랑스 정부가 계획한 대형 프로젝트 10개가 1989년에 건축된 루브르 미술관을 끝으로 완성됨으로써 파리는 또다시 세계의 문화 중심 도시로서의 활기를 띠고 있다. 세계 정치의 중심지인 워싱턴 D.C. 역시 스미소니언

워싱턴 내셔널 몰의 스미소니언 미술관 전경.

(Smithsonian Institution) 관련 뮤지엄을 내셔널 몰(National Mall)에 집중적으로 배치시킴으로써 세계의 문화 중심 도시로 탈바꿈하였다.

이 외에도 프랑크푸르트, 바젤(Bagel) 근교, 로스앤젤레스, 휴스턴 등 많은 도시들이 복합 뮤지엄단지(museum complex)를 조성하여 활기를 띠고 있으며, 특히 스페인의 빌바오(Bilbao)와 같은 도시는 네르비온(Nervion) 강변 재개발계획에 문화시설을 포함시키고 구겐하임 미술관(Guggenheim Museum)을 새로이 건립함으로써 최고의 관광지로 급부상하게 되었다.

런던의 경우에는 침체된 도시를 활성화시키기 위해 밀레니엄 프로젝트(Millennium Project)를 세웠고, 이에 따라 화력발전소를 뮤지엄으로 재탄생시켰다. 이를 계기로 그 일대가 런던의 대표적인 문화지역으로 전환되었으며 경제 또한 활성화되는 파급효과를 낳았다. 이는 미술계와 정부를 각성시키는 계기가 되기에 충분했다. 그밖에도 구겐하임재단은 리우 데 자네이루(Rio de Janeiro)에 2007년 개관을 목표로 구겐하임 미술관을 건축하고 있으며, 대만에서도 그와 유사한 계획을 추진하고 있기 때문에 그 역할이 매우 주목된다.

뮤지엄의 원조는 유럽의 전통 있는 뮤지엄이지만, 새로운 뮤지엄을 개척해 가고 있는 것은 미국이다. 유럽에 많은 뮤지엄들이 건설되던 19세기에 미국에서는 1846년에 제임스 스미슨(James Smithson)의 유산으로 스미소니언 재단(Smithsonian Institution)이 설립되었는데, 이는 오늘의 워싱턴이 세계정치의 중심에서 예술의 중심지로 전환하는 계기가 되었다.

월트 디즈니가 건설한 최첨단 과학과 기술이 총동원된 위락지대.
그 중심시설인 지구본은 미래를 체험하는 전시관으로 이루어졌다.

그 후 월트 디즈니(Walt Disney)에 의해 플로리다 주 올랜도 (Orlando) 근교에 EPCOT(Experimental Prototype Community of Tomorrow) 센터라는 대규모 전시단지가 형성되었다. 미국의 국력과 부의 과시라고도 여겨지는 이 단지는 과학과 기술이 총동원된 새로운 위락지대로 현대 세계가 지향하는 공동의식 의 목표를 과거, 현재, 미래를 통하여 가장 볼 만한 전시기법 과 무한한 상상력에 의해 이루어냈다는 평가를 받고 있다.

이 시기에는 순수예술분야에서도 유럽으로부터 뉴욕으로 대규모의 화상들이 이동함에 따라 세계미술의 중심이 유럽에 서 미국으로 이동하였다. 이러한 세계예술의 판도에 따라 프 랑스는 문화 및 문화시설의 확장에 관한 기획을 적용하기 시 작했다.

조르주 퐁피두(Georges Pompidou) 대통령은 퐁피두 센터 (Centre Georges Pompidou, Renzo Piano와 Richard Rogers 설계, 1972~ 1977)와 대형 프로젝트 10개를 구상한 후에 실천에 옮겼으 며, 후임 대통령안 지스카르 데스탱(Giscard d'Estaing), 미테랑 (Mitterrand)도 이를 이어받아 그 사업을 지속적으로 추진하였 다. 1989년에 루브르 미술관이 개축(Le Grande Louvre, I. M. Pei 설계, 1983~1989)되면서 끝이 난 이 사업을 통해 파리는 또다시 세계의 문화와 패션의 중심으로 자리를 확고히 하게 되었다.

한편 독일은 전후 복구와 지자제를 일찍부터 시작하여 어 느 곳보다도 빠른 1970년대부터 본격적으로 문화시설을 확충

도심재개발의 일환으로 당시 최첨단의 건축 스타일을 적용한 하이테크 건축의 퐁피두 센터.

할 수 있었으며, 이에 따라 세계적인 전문 뮤지엄 건축의 걸작품을 곳곳에 세울 수 있었다. 일본도 독일과 유사하게 지방마다 뮤지엄을 건설하여 세계 속에서 명함을 내밀고 있다.

각국의 문화전략은 그 나라가 가지고 있는 문화적인 가치와 목적에 따라 결정된다. 이에 따라 각 나라들은 정책차원에서 문화를 적극적으로 지원하고 있다. 이는 주로 다음의 세 가지 방향에서 진행되고 있는데, 첫째, 복지행정 국가시대의 적극적인 지원행정, 둘째, 경제발전과 문화욕구의 증대, 셋째, 국제관계의 긴밀화와 문화의 기능증대, 자국 문화의 보존·보호 등을 들 수 있다.[4]

프랑스

1959년에 설립된 문화성은 제5차경제사회개발 (1966~1970)의 일부로 마련된 제2차문화계획에서 문화 및 문화시설의 확장에 대한 업무를 담당하기 시작했다. 문화기획이란 첫째, 문화

아이 엠 페이가 설계한 파리의 루브르 미술관.
개조계획에 의해 중정 가운데 피라미드를 세우고 방문객의 진입부로 삼았다.

에 있어 국가행위를 명확히 규정하고, 둘째, 이러한 행위가 기획과 관련되는 전통적 제반형태의 경제적이고 사회적인 행위를 얼마나 보충하고 있는가를 보여주는 것이다.

1960년대 이후로는 다음과 같은 방향으로 문화정책이 이루어졌다. 첫째, 모든 사람이 접할 수 있는 문화, 둘째, 지역과 사회간의 격차를 해소할 수 있는 문화, 셋째, 대중을 위한 문화교육이다. 이에 따르는 실천방안으로는 첫째, 조밀하고 다양한 문화권을 건설하는 계획, 둘째, 주요도시에 문화원 건립, 셋째, 파리에 있는 대형건물을 문화적인 용도로 전용 및 확충하는 것이었다. 이후 프랑스는 프랑스혁명 200주년을 기념하는 1989년에 루브르 미술관 개축을 끝마침으로써 대형 프로젝트를 일단락 지었다.

영국

    영국에서는 다음과 같은 정책들을 통해 예술을 지원하였는데, 1891년에 마련된 박물관 및 체육관 조례(Museum & Gymnasium Act)와 1892년에 마련된 공공도서관 조례(Public Libraries Act)에 의해 박물관이 증설되었으며, 1946년에 내려진 칙허장(Royal Chart)을 통해 예술회가 만들어졌고, 1964년 이후에는 노동당 정권이 문화에 대한 정부지원을 강화하였다. 특히 1968년에 발족된 박물관 확장정책에 따른 박물관협회(British Museum Society)는 뮤지엄의 전시관 및 관리직원을 충분하게 확보할 수 있는 중요한 계기가 되었다.

밀레니엄 돔은 영국 템즈 강가에 새로운 밀레니엄을 맞아 완공된
세계 최대 규모의 돔 건축물이다.

21세기를 맞이한 영국은 밀레
니엄 프로젝트(Millennium Project)
로 밀레니엄 돔(Millennium Dome)
과 런던아이(London Eye), 밀레
니엄 보행전용 다리(Millennium
Bridge), 그리고 템즈 강변의 발
전소 건물을 개조한 테이트 갤
러리(Tate Gallery of Modern Art,
1994~2000)를 새롭게 개관하
여 런던의 새로운 문화 중심지
를 탄생시켰다.

기존 화력발전소를 증·개축하여 뮤지엄으로
새롭게 바꾼 테이트 갤러리 대 공간.

독일

독일은 2차세계대전의 결과로 1949년부터 권력분산정책이
추진되었다. 이로 인해 지역적으로 분리되었으며 연방공화국
으로 구성되어 문화정책 또한 연방정부와 주정부의 역할이 나
뉜 채 진행되었다.

연방정부는 문화정책에 대한 기본시책을 제공하고 해외문
화정책에 대한 책임을 진다. 반면에 문화정책에 대한 실질적
인 권한 대부분은 주정부가 담당하고 있기 때문에 각 지방마
다 역사적인 극장이나 뮤지엄 및 문화적인 유산들이 균등하면
서도 독특하게 분포될 수 있게 되었으며, 문화운동 또한 활발

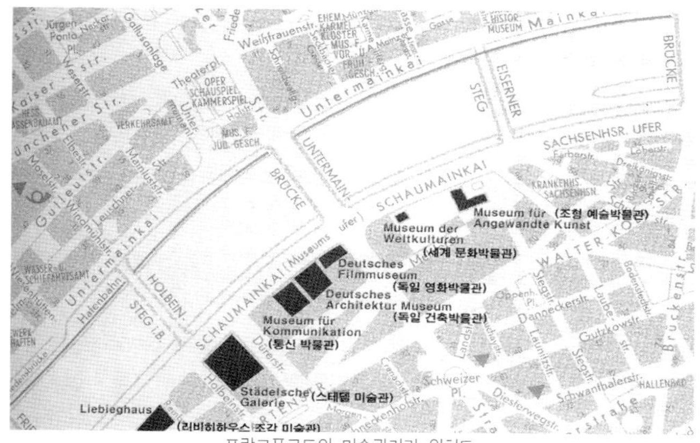

프랑크푸르트의 미술관거리 위치도.

히 전개될 수 있었다.

독일이 취한 문화정책으로는 첫째, 중요한 예술·공예품의 보존 및 창의성 개발, 둘째, 자유로운 개성을 개발하기 위해 국민들에게 문화생활에 참여하도록 유도하는 것 등이 있다.

문화시설을 살펴보면, 2차세계대전 직후에는 무엇보다도 병원, 학교, 도서관 등 필수불가결한 공공건물의 건설이 급속히 이루어졌다. 그러다가 경제적인 여유를 갖게 되었던 1950년대부터는 교회건축이 붐을 이루었다. 문화시설의 확충은 1960년대에 이르러서야 본격적으로 이루어졌으며 1970년대에 오면 약 700개의 뮤지엄을 보유하게 되었는데, 이 중에서 세계적인 뮤지엄건축의 걸작품들도 곳곳에 자리 잡고 있다.

미국

다양성으로 대변되는 미국의 문화정책은 각 주정부, 도시, 민간단체들이 주축이 되어 독자적으로 문화시책을 개발하고 발전시키는 방향으로 진행하여 왔다.

연방정부는 다원적인 복수 전통을 유지시키기 위해 1965년에 전국 인류문화예술재단(National Foundation on the Art & Humanities)을 설립하여 재정적으로 지원하는 등 보조자 역할을 담당했다. 보조비와 연구를 통해서 다수문화집단을 장려하는 문화발전계획을 입안·수행하여 왔던 것이다. 재단의 문화정책은 아래와 같은데, 첫째, 폭넓은 예술작품을 보급하여 예술품을 감상하고 향유할 수 있는 기회를 늘린다. 둘째, 개인의 예술활동과 예술기관을 아낌없이 지원한다. 셋째, 특수한 몇몇 조사

리차드 마이어가 설계한 로스앤젤레스 근교의 게티센터. 6개의 기능을 가진 복합뮤지엄단지로 로스앤젤레스가 문화의 도시로 성장하려는 의지를 보여주고 있다.

나 연구 등을 위해 특별연구활동을 지원한다. 넷째, 전국건축계획디자인협회(National Institute of Architectural Planning & Design)를 통해 양질의 도시환경을 조성한다. 다섯째, 공공건물마다 예술품을 설치하는 데에 건축비의 1%를 사용하게 한다. 여섯째, 연방예술재단(Federal Arts Endowment)의 후원뿐만 아니라 민간단체나 기업체의 후원문화재단 등을 통해 예술품을 구입하거나 문화시설을 건립한다.

휴스턴을 지원하고 있는 메닐미술관(Menil Collection & Museum)이 이에 대한 좋은 사례라 할 수 있겠다. 국유지를 이용하여 뮤지엄단지를 조성한 게티센터(Getty Center)를 통해 로스앤젤레스 또한 '로데오 거리'나 '헐리우드' 외에 문화의 도시로 불

뉴욕 구겐하임 미술관은 프랭크 게리가 설계하여 뉴욕에 건립될 계획이었으나 현재는 자금사정으로 보류되고 있다. 만일 이 미술관이 건립된다면 맨하튼의 또다른 랜드마크가 될 것으로 기대된다.

릴 수 있다는 가능성을 열어주었다. 이 단지는 아크로폴리스 언덕에 세워진 파르테논 신전처럼 새로운 도시 이미지를 만들어주었을 뿐만 아니라 기념비적인 건축순례지가 되었다. '뉴욕 MOMA(근대미술관)'가 새롭게 증·개축되었고, '디아 비콘(Dia Beacon)'이 공장으로 사용하던 건물을 개조하여 현대미술관으로 사용하고 있어 화제이다.

일본

일본은 1968년에 세워진 문화청을 중심으로 문화정책의 조정과 계획에서 괄목할 만한 진전을 이루었다. 문화청은 문화진흥과 보급을 담당하는 '문화부'와 문화재를 보호하는 것을 담당하는 '문화재보호부', 그리고 외국과의 문화교류를 관장하는 '장관비서실'로 구성되어 있다.

동경 우에노[上野]공원 내에 있는 국립서양미술관. 르 꼬르뷔지에가 설계했다.

문화청의 기능과 문화정책으로는 첫째, 문화적인 자질의 향상, 둘째, 문화예술의 확산, 셋째, 문화예술의 보호 및 보존, 넷째, 외국과의 문화교류 등이 있다. 이는 전통문화자산을 보호하겠다는 목적 하에 마련된 정책들이며, 이와 아울러 지방문화예술을 장려하고 문화예술인들의 활동을 지원하겠다는 목적을 지닌 정책이기도 하다.

이와 아울러 2차세계대전으로 파괴된 문화시설들을 새롭게 회복시키기 위해 1960년부터 인구 10만 명 이상의 도시에 1개 이상의 문화시설을 갖춘다는 목표 아래 각 자치단체들이 국립서양미술관(1959), 동경문화회관(1961), 국립극장(1966) 등의 문화시설들을 건설하기 시작했다.

기타 지역

바젤

바젤은 인구 20만 명에 불과한 소도시임에도 불구하고 26개의 뮤지엄을 소유하고 있어 많은 방문객을 끌어들이고 있다. 예를 들어 세계적인 가구회사인 비트라(Vitra) 국제상사는 본사 전시장을 비롯하여 디자인뮤지엄, 공장건축 그리고 컨퍼런스 파리온(Conference Pavilion)을 연계시켜 많은 관광객을 끌어들이고 있다. 또 다른 예로는 바젤시가 부지를 제공하고 로체상사(Hoffmann-La Roche)의 기증품과 미망인 니키드 쌩폴(Niki de Saint Phalle)이 남편의 유작을 기증함으로써 건립된 장

비트라 가구공장 입구에 위치해 있는 비트라 디자인 뮤지엄과 오덴버그의 '균형진 공구' 조각. 프랭크 게리가 설계했다.

팅글리(Jean Tinguely) 뮤지엄이 있다.

빌바오

빌바오는 네르비온 강변을 재개발하는 과정에서 구겐하임 미술관을 건립하여 많은 관광객을 유치하게 되었다. 빌바오 시의 문화정책이 우리에게 주는 교훈은 적지 않은데, 뮤지엄 건립을 통해 도시에는 활력과 재생을, 그리고 시민들에게는 자긍심을 주었다. 또한 대중문화에 잠식되어가는 문화적인 가치를 되살리는 역할도 하게 되었다.

아부다비

최근 아랍에미리트연합국(UAE)의 수도인 아부다비(Abu Dhabi)는 인구 15만 명을 수용할 신흥도시개발 사디야트 아일랜드(행복의 섬이란 뜻으로 여의도의 3배 크기인 27㎢) 계획에 270

억 달러(약 24조 5천 억 원)을 들여 문화지역을 설정하고, 4개의 야심찬 문화시설을 2012년부터 2018년까지 조성할 예정이다.

도시를 활성화하기 위한 뮤지엄 컴플렉스의 역할과 구성은 크게는 도시활성화와 구성형식, 그리고 내용적인 측면에서 살펴볼 수 있는데, 첫째로 도시활성화 측면에서는

· 뮤지엄 컴플렉스를 조성함으로써 도시의 인상을 정치, 경제에서 문화 중심의 도시로 탈바꿈한다.
· 미래를 향한 열린 도시로 다양한 지성과 예술이 만나는 도시로 활성화된다.
· 세계적인 건축가의 작품을 통해 관광객 유치에 활성화

프랭크 게리가 설계한 빌바오 구겐하임 미술관은 강변 개발계획에 문화시설을 포함시킴으로써 많은 문화·예술인들이 찾아들어 관광 0순위를 기록하게 되었다.

를 가져온다.
- 도시 재개발사업에 문화시설을 포함시킴으로써 도시를 활성화시킨다.
- 기존건물을 문화시설로 전용하는 방안도 필요하다.

둘째로 구성형식 측면에서는 아래와 같은 방안들이 마련될 수 있을 것이다.

- 대규모 컴플렉스를 집약적으로 개발하는 방안.
- 도시 전체를 대상으로 분산 개발하는 방안.
- 순수 뮤지엄뿐만 아니라 관련 연구기관이나 문화시설을 포함하여 연계하는 방안.

셋째로 내용적인 측면에서는 아래와 같은 기능들을 가질 수 있게 될 것이다.

- 다양한 성격의 뮤지엄들을 수용하여 대중의 문화고양을 도모한다.
- 뮤지엄뿐만 아니라 관광객유치를 위한 정보센터나 연구기관 등을 수용할 수도 있다.

정치 중심에서 문화 중심으로 탈바꿈한 워싱턴의 뮤지엄 컴플렉스

세계정치의 중심지인 워싱턴 D.C.가 세계문화의 중심지가 될 수 있었던 계기는 스미소니언 재단의 설립에 있었다. 세계 최대의 뮤지엄재단인 이 재단은 미국의 뮤지엄문화에 진보를 이루어 냈으며, 오늘날에도 여전히 미래의 잠재적인 가능성을 위해 지속적인 투자를 거듭하고 있다. 스미소니언 재단은 한 개인의 의지가 문화를 인식하는 정부의 눈을 새롭게 뜨게 한 좋은 예라는 점에서도 의미가 있다.

설립자인 제임스 스미슨은 앤드루 잭슨(Andrew Jackson) 대통령 시절인 1829년에 이탈리아에서 사망한 영국인이다. 스미소니언 재단은 워싱턴에 인류의 지식을 증진시키고 보급할 수 있는 대규모의 문화재단을 설립해달라는 그의 유언에 따라

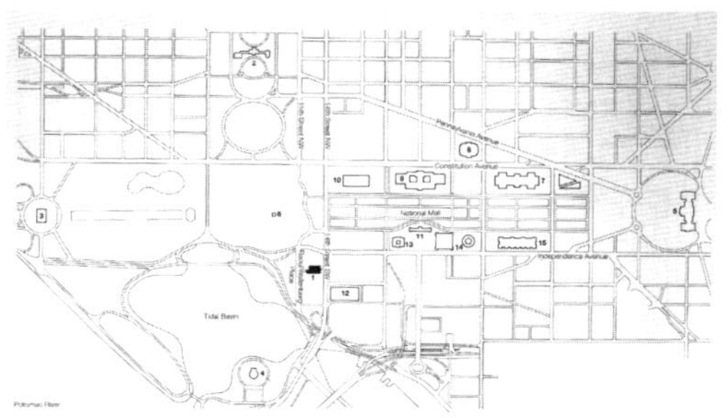

워싱턴 내셔널 몰의 스미소니언 재단 관련 뮤지엄 배치도.

1838년에 당시 50만 달러에 달했던 그의 유산으로 설립된 기관이다. 이처럼 파격적인 문화기금은 유래가 없는 것이어서 의회가 이 기금을 받아들이기까지는 무려 8년이나 소요되었다고 한다.

의회는 이 기금사용과 관련하여 다음과 같은 결정을 내렸다. 지식의 증진을 위해서는 새로운 학문을 이루어 낸 사람들에게 상금을 주거나 학문조사에 필요한 연구자금을 제공한다. 지식의 보급을 위해서는 정기간행물을 내고, 전문서적을 간행한다. 이와 아울러 재단에 도서관 및 뮤지엄을 운영해야 한다는 조건도 포함되어 있었다.

워싱턴 D.C.는 이를 바탕으로 많은 뮤지엄들을 내셔널 몰에 건립하였으며, 시민들에게 무료로 개방하여 본래의 취지를 살렸다. 현재 이 재단의 연구와 투자는 전 세계 뮤지엄 문화를 선도하고 있으며, 워싱턴을 방문하는 미국인뿐만 아니라 전 세계인들에게 문화증진을 위한 문화풍경을 조성하고 있다.

조지 워싱턴 기념탑(Washington Monument)에서 내려다본 내셔널 몰의 뮤지엄들.

　　워싱턴 내셔널 몰 주변에는 뮤지엄들이 컴플렉스를 이루고 있다. 스미소니언 뮤지엄은 현재 총 16개에 달하는데, 각각 워싱턴과 그 근교에 14개, 뉴욕에 2개가 있다.[5] 이 중 워싱턴에 있는 주요 뮤지엄들을 소개하면 다음과 같다.

국립항공우주관(National Air & Space Museum, 1972~1976)

　　건축가: George Hellmuth, Gyo Obata, George Kassabaum
　　스미소니언 재단의 새로운 중심 시설로 초기의 목적은 항공과 관련한 역사적인 자료를 보존하고 전시하려는 것이었으나, 점차 확대되어 1964년에 종합적인 항공·우주관으로 구상되었다. 국립항공우주관은 단순한 직사각형의 건물로 내셔널 몰과 나란히 배치되어 있으며 주변에 힐쉬호른 미술관과 인접

국립항공우주관 전경. 내셔널 몰과 나란히 배치되어 있으며, 개방된 유리와 석조벽이 규칙적으로 조합된 단순한 조형이다.

해 있으며, 길 건너편에는 국립미술관이 마주하고 있다. 거대한 전시물들이 조화를 이루고 있는 이곳은 1일 관람객 5만 명을 순조롭게 유도하기 위해 공간구성에 있어서도 동선이 매우 선명하여, 세 곳에 2개 층을 개방시킨 대 공간은 총 26개의 부스(booth)로 분절되어 있다.

전시물은 주로 최초의 비행기, 로켓, 우주캡슐, 우주선, 스카이 랩 등으로 실물을 매달거나 위로 치솟게 하기도 하며, 실제로 만져보고 탑승할 수 있는 공간도 마련되어 있다.

건축조형은 개방된 유리벽과 직사각형의 매스(mass)가 규칙적으로 조합된 단순한 정육면체이다. 건너편에 마주한 국립미술관과 유사한 크기로 대칭성을 강조한 조형형식이라 할 수 있겠다.

힐시호른 뮤지엄 및 조각정원

(Hirshhorn Museum & Sculpture Garden, 1974)

건축가: Gordon Bunshaft, S.O.M.

힐시호른 뮤지엄은 개인소장의 기증품을 국가적인 차원에서 관리하기 위해 건립된 것으로 주로 회화와 조각이 전시되어 있다.

1938년에 미국의회에서는 스미소니언 재단 내에 현대 미술에 대한 흥미를 고조시키기 위해 새로운 갤러리를 건립할 것을 법으로 제정한 바 있다. 그로부터 약 30년이 지난 1966년에 라트비아(Latvia) 태생의 박애주의자인 힐시호른(Joseph H.Hirshhorn, 6세 때 미국으로 이민)이 마침 자신이 소유하고 있는 컬렉션들을 미국정부에 기증하는 일이 있어 이 뮤지엄이 건립될 수 있었다. 그는 기증품 외에도 뮤지엄을 건설하는 데

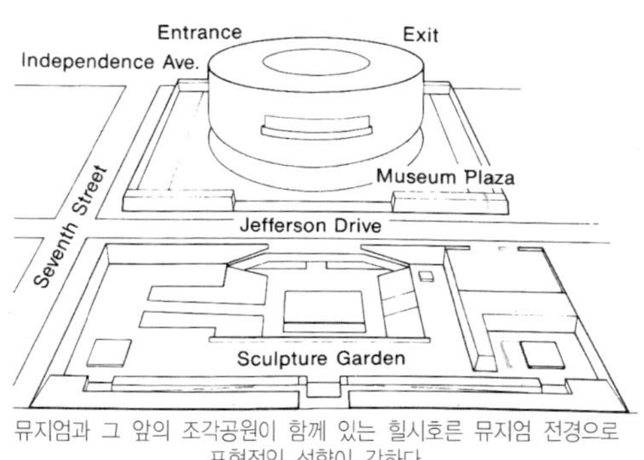

뮤지엄과 그 앞의 조각공원이 함께 있는 힐시호른 뮤지엄 전경으로 표현적인 성향이 강하다.

에 소요되는 건축비 100만 달러를 쾌척하기도 했다. 이에 고무된 다른 많은 수집가나 예술가들도 후원에 나서 이 뮤지엄은 1974년에 4천여 점의 회화, 2천여 점의 조각과 더불어 개관될 수 있었다. 힐시호른 뮤지엄은 국립항공우주관과 색크러/후리어 뮤지엄 사이에 위치하고 있으며, 이 뮤지엄 건너편에는 국립미술관이 위치하고 있다.

건물의 형태는 직경이 약 70m쯤 인 원형으로 중앙은 중정으로 개방되어 있으며 전면 광장은 조각정원으로 꾸며져 있다. 지상은 조각정원과 연장선상에서 개방되어 있으며, 2·3층은 전시물을 전시하는 공간이고 4층은 사무실로 쓰이고 있다. 전시장은 중정 측의 개방된 복도형식과 폐쇄된 외곽 전시공간으로 구분된다. 관람의 동선은 회전하면서 개방된 중정 측과 폐쇄적인 외곽전시실을 넘나들고, 3층 휴게공간에서는 워싱턴 몰을 내다볼 수 있게 개방되어 있어 폐쇄된 외곽부분이 극적으로 열리는 효과를 연출하고 있다.

국립미술관 동관
(National Gallery of Art, East Building, 1968~1978)

건축가: I.M.Pei

국립미술관 본관은 1941년에 강철 재벌인 멜론(Andrew W. Mellon)의 기금으로 만들어진 신고전주의 형식의 뮤지엄이다. 이곳에서는 멜론가가 소장하고 있던 희귀한 걸작품들이 전시

국립현대미술관 동관 전경. 마치 하나의 거대한 추상적 조각으로 보인다.

되어 있는데, 동관은 본관의 전시실과 수장능력이 포화상태에 이르러 기획전시나 특별행사, 연구 등이 불가능해지자 이 문제를 해결하기 위해 구상되었다.

따라서 동관을 건축함에 있어서는 전시실 외에도 수장공간이나 일반 시민들에게 주어지는 서비스, 특별전, 연구용 공간 등의 확보가 그 무엇보다 고려되었다. 이와 아울러 도서실과 자료실이 보완되었으며, 특히 시각예술의 전위적인 연구센터가 설립되었다는 특징을 지니고 있다.

주목할만한 점은 설계자인 아이 엠 페이가 미술관장인 폴 멜론(Pall Mellon)과 함께 설계프로그램을 만드는 등 뮤지엄을 건축하는 과정에서 운영자의 의도를 충분히 수용하였다는 점이다. 그는 이 프로젝트 이후 루브르 미술관 증·개축 설계의 영광을 누리기도 하였다.

연구원들에게 세계에서 가장 많은 지원을 해주고 있는 국립미술관 동관은 무엇보다도 좋은 환경 속에 자리 잡고 있다. 백악관과 국회의사당을 잇는 길과 워싱턴 몰이 교차되는 요지에 자리하고 있기 때문에 주변도로와의 관계성도 잘 나타나 있다.

3개 층이 개방된 중앙의 메이저 스페이스가 주변의 삼각형 모양의 전시공간들과 잘 조화되어 인상적이다. 구관과 연결되는 지하통로에는 편의시설(카페, 뮤지엄 샵 등)이 마련되어 있고 그 주변의 폭포와 천창으로부터 내려오는 빛의 연출은 매우 극적이다.

본관이 13~19세기 유럽 미술품과 미국 초기의 회화, 조각, 드로잉, 프린트, 장식품을 전시하고 있는 데 반하여 동관은 20세기 현대 미술과 마티스, 미로, 헨리무어, 알랙산더 칼더와 같은 거장들의 작품들이 소장되어 있다.

미국 유대인학살기념관
(The United States Holocaust Memorial Museum , 1985~1993)

건축가: James Ingo Freed

전시설계: Ralph Applebaum & Martin Smith

유대인학살기념관은 나치정권에 의해 박해받고 학살당한 유대인의 역사를 추모하고 기념하는 의미에서 건립된 전시관이자 기념관이다.

미국 유대인학살기념관 2층의 '회상의 홀'. 장엄함이 느껴지는 상징적 공간이다.

1933년부터 1945년 사이에 학살당한 6백만 명의 유대인들을 기념하는 뮤지엄이 파리나 프랑크푸르트에 이미 건립된 바 있었으나 이 유대인학살기념관처럼 대규모의 기념전시관이 건립된 것은 워싱턴이 처음이었다.

1979년에 기록된 건립추진보고서에 의하면 이 기념전시관은 대학살의 특징과 이를 잊지 않기 위해 도덕적인 만행을 주 내용으로 하고 대학살을 연구함으로써 20세기에 있었던 '유대인 학살'이라는 특별한 정신병을 되새길 수 있기를 희망하고 있다. 따라서 이 기념전시관은 얼마나 많은 인간들이 고난을 받았는지를 생생하게 기억하고, 세계인으로서 가져야 할 도덕과 책임을 잘 관찰할 수 있도록 구성되었다. 설계자인 프리드는 독일 태생의 미국인 건축가로 다른 미술관 설계 때와는 달리 최종안을 발전시키기 전에 실제적인 체험을 더듬어 보기 위해 '테러의 현장'을 직접 방문하였고, 이를 통해 죽음의 기지에서 얻은 자료들을 작품에 반영시켰다고 한다.

기념관 양측에는 빅토리아식 벽돌집과 석회암으로 이루어진 신고전주의 건물이 위치해 있기 때문에 주변 컨텍스트에 따라 외장재가 벽돌과 석회암으로 조합되었다. 또한 앞뒤에 도로를 접하고 있어 출입구는 앞뒤 두 곳으로 이루어졌다.

2개 층은 개방된 대공간을 중심으로 상설전시실과 상징적인 공간인 '회상의 홀'로 구성되어 있다. 각각의 전시실마다 이름을 붙인 것은 생생한 교육체험장이 되기를 바라는 목적을 담고 있다. 예를 들면 1층의 기획실에는 '다니엘 이야기'가 음향과 더불어 짜임새 있게 꾸며져 있고, 지하층의 '회상의 벽'에는 타일 위에 그림이 그려져 있어 과거의 회상을 극도로 표현하고 있다. 상설전시실인 3·4층과 2층 일부에는 시대별 전시가 이루어지고 있으며 상설전시품은 대개 흑백의 움직임이 있는 것이 특징이다.

조형적으로는 현지 '테러의 현장'에서 얻은 이미지인 다리, 강철, 벽돌이 기본을 이루고 있다. 이는 과거의 비참한 기억을 불러일으키는 데 도움을 주기 위한 연출이다. 특히 '회상의 홀'을 6각형으로 처리한 것은 유대인 학살 희생자 6백만 명을 상징한 것이다.

또 다시 세계문화의 중심이 된 파리

프랑스 정부가 문화성을 설립한 것은 1959년이고, 제5차 경제사회개발(1966~1970)의 일환으로 마련된 제2차 문화계획을 통해 문화 및 문화시설의 확장에 대한 기획을 적용하기 시작하였다. 여기에서 말하는 '문화기획'이란 문화적인 영역에서 국가의 행위를 명확히 규정하고, 이러한 행위가 기획과 관련되는 경제·사회적인 행위에 대하여 얼마나 보충적인가를 보여주는 것이다.

1960년대 이후로 프랑스의 문화정책은 다음의 세 가지 목적, 즉 첫째, 모든 사람이 접할 수 있는 문화, 둘째, 지역과 사회 간의 격차해소, 셋째, 문화는 곧 대중을 위한 교육이라는 목적을 가지고 진행되었다. 이에 대한 구체적인 실천방안으로는 조밀하고 다양한 문화권을 건설하고, 주요도시에 문화원을 건립하며, 파리에 있는 대형건축을 문화적인 용도로 전용하거나 확충하는 것 등이 있었다.

이 기획을 구체화하기 위해 조르주 퐁피두 대통령은 퐁피두센터와 대형 프로젝트 10개를 구상하여 실천에 옮겼고, 후임 대통령인 지스카르 데스탱과 미테랑 대통령 역시 그 사업을 지속적으로 추진하였다. 그리고 1989년에 루브르 미술관이 개축(Le Grand Lauvre, I.M.Pei 설계, 1983~1989)됨으로써 이 사업은 완료되었다. 이로써 파리는 또다시 세계문화와 세계패션(fashion) 중심지로서의 자리를 확고히 할 수 있었다.

1977년부터 1989년 사이에 추진된 대규모 프로젝트 10개(Grand Project-10)는 대부분 문화시설과 관련된 것들로 파리의 새로운 변화를 가져왔으며 하이라이트라고 할 수 있는 대루브르 피라미드가 완성된 1989년은 프랑스혁명이 발발한 지 200주년이 되는 해여서 더욱 뜻 깊은 사업이 되었다. 이 대규모 프로젝트로 인해 파리는 또 다시 미래를 향해 활짝 열린 도시가 되었으며, 젊은이들로 하여금 다양한 문화와 지식에 접근하는 것을 가능하게 해주었다.

이 대형 프로젝트의 일환으로 건축된 뮤지엄의 설계자들은 대부분 국제적인 설계경기공모를 통해 정해졌다. 이 기회를 이용해 프랑스의 젊은 건축가들이 경험을 쌓을 수 있었는데, 그들 중 일부(Jean Nouvel, Christian de Portzanparc, Bernard Tschumi 등)가 오늘날 프랑스의 건축계를 이끌어 가고 있다는 점에서 이 프로젝트는 또 다른 큰 수확을 얻은 셈이다.

떼뜨 데팡스(La Grande Arche de la Défense, 1989)

당선작가: Johan Otto von Spreckelsen

개선문을 포함한 샹젤리제(les Champs Elysées) 거리와 데팡스(la Défense)를 연결하는 축 선상에 떼뜨 데팡스가 만들어졌다. 이 대형 조형물은 구도심과 신흥도시를 연결하는 관문의 의미를 지니고 있는데, 사실 떼뜨 데팡스는 이러한 상징적인 의미만 가지고 있는 것이 아니라 기능을 가진 건축물로서 대중에게 활기를 주고 있다. 각각 110m의 속이 빈 정육면체로 이루어진 이 조형물은 카라라산 대리석으로 꾸며졌다.

떼뜨 데 팡스(La Grande Arche de la Défense)가 신흥도시의 관문처럼 루브르와 개선문의 축 선상에 위치하고 있다.

대 루브르 미술관(Le Grande Louvre, 1989)

건축가: I.M.Pei, Michel Macay et Georges Duval

루브르 미술관은 원래는 궁전이었던 것을 1793년 프랑스 혁명 때에 미술관으로 개조한 것이라 뮤지엄 본래의 기능을 갖기에는 다소 부족했다. 이러한 이유로 1981년에 대통령은 루브르 궁 일부에 있던 재무성을 베르씨 지역으로 이전한 후에 루브르를 대대적으로 개축하기 시작했다.

이 프로젝트는 파리에서 가장 상징적인 뮤지엄의 개조와 대규모 증축의 모델이 되었는데, 왜냐하면 전시공간을 좀더 확보하고 전시방법을 개선하였으며, 절대적으로 부족했던 서비스 공간을 확보하는 데 주안점을 두었기 때문이다. 설계자

루브르 미술관(Le Grande Louvre) 중정의 진입부 피라미드가 주변의 고전적인 건축과 대비를 이루면서 새로운 상징성을 가진다.

는 대 루브르 궁 계획단과 대통령으로 구성된 위원회에서 선출된 아이 엠 페이(중국계 미국인)로 결정되었다.

루브르 개조계획 중 정점에 속하는 중정의 피라미드는 현대 뮤지엄에서 무엇보다 중요시여기는 진입부(free zone)의 요구에 의해 생겨난 것이다. 루브르가 가지고 있던 기존의 고전건축과 새롭게 만들어질 유리 피라미드의 조화문제로 인해 상당한 논쟁이 벌어지기도 했으나 관객을 위한 서비스 차원에서 요구된 것이었기에 현실화될 수 있었다.

개선된 루브르는 지원시설부분이 확대되었고 관객서비스의 영역도 확충되었다. 동선체계에서도 보다 선명해졌으며, 특히 진입부가 새롭게 구성됨으로써 미술관으로서의 동선이 많이 개선되었다.

오르세 뮤지엄(Le Musée d'Orsay, 1986)

건축가: Pierre Colboc, Renaud Bardon, Jean-Paul Philippon
전시건축가: Gae Aulenti

19세기 후반과 20세기 초반의 미술품만을 소장하고 있는 오르세 뮤지엄은 본래 1900년에 있었던 만국박람회를 위해 세워진 철도역이었다. 이것이 1973년에 복원되었지만 기차역으로서 기능이 쇄락하자 미술전시관으로 바뀐 것이다. 오르세 뮤지엄의 개축은 역사의 옛 모습을 최대한 살리는 조건에서 설계되었다.

오르세 미술관 내부. 옛 기차역의 플랫폼을 가로의 미술관으로 전용한 것이다.

오르세 뮤지엄은 루브르 미술관이 소장하고 있던 전시물 중에서 19세기(1848~1914)의 미술품만을 옮겨 전시되고 있어서 일명 '19세기 미술관'이라고도 불린다.

오르세 뮤지엄의 개축은 프랑스인의 전통과 창조를 잘 결합한, 즉 기존의 건축에 전시기능을 훌륭히 담은 좋은 사례라 할 수 있겠다.

아랍세계연구소(L' Institut de Monde Arabe, 1980)

건축가: Jean Nouvel, Pierre Soria, Gilbert Lezenése

파리 중심부에 위치하고 있는 아랍세계연구소는 20개의 아랍 국가들(알제리, 사우디, 아라비아, 바레인, 지부티, 아랍에미리

아랍세계연구소 전경.

트 연합, 프랑스, 이라크, 요르단, 쿠웨이트, 레바논, 모리타니, 카타르, 소말리아, 수단, 시리아, 튀니지, 예멘 등)과 프랑스 문화가 만나는 장소이다. 프랑스와 아랍 공동의 작품들이 소장되어 있는 이 연구소에서는 풍성한 두 문화의 예술·기술·과학적인 교류가 활발히 진행되고 있다. 내부에는 10만 권의 장서를 보유한 도서실, 5백 점의 컬렉션을 가진 뮤지엄, 정보센터, 아랍 세계 텔레비전, 400석을 수용할 수 있는 강당과 식당, 서점 등으로 이루어져 있다.

유리와 강철로 이루어진 아랍세계연구소는 특히나 아름다워 보는 이로 하여금 이곳으로 들어오고 싶게 만든다. 특히 건물 남쪽에 있는 2만7천 개의 막판과 242개의 게시판들이 광선에 따라 자동으로 개폐되는 것이 특징이다. 이러한 장치들이 외관의 디자인적인 특징을 이루는 것과 동시에 실내에 유입되는 광선을 조정하며, 백색 대리석에 떨어진 그림자들은 현대적인 아랍의 건축양식을 느끼게 한다.

재무부 신청사(Le Nouveau Ministére des Finances, 1988)

건축가: Paul Chemetov, Borja Huidobro

애초에는 루브르 궁 일부를 포함하여 여러 곳에 재무부가 흩어져 있었다가 루브르 미술관이 개축됨에 따라 리용역과 스포츠 광장 사이에 새로운 재무부 청사가 들어서게 되었다.

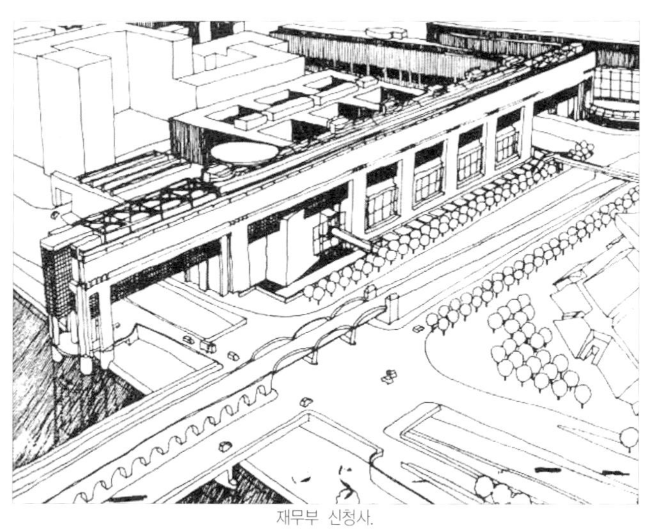

재무부 신청사.

바스티유 오페라극장(L'Opéra de la Bastille, 1989)

건축가 : Carlos OTT, Saubot et Julien

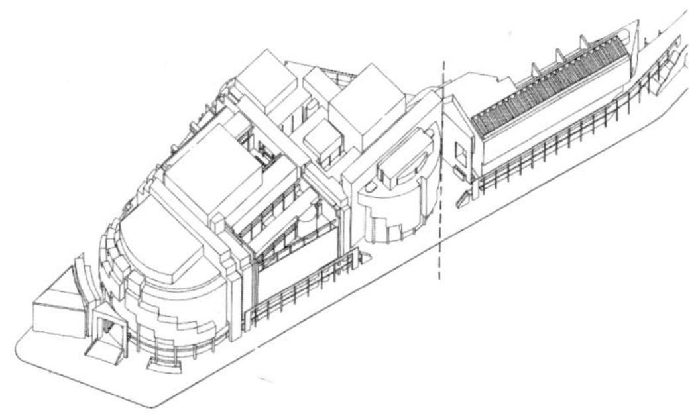

바스띠유 오페라 극장..

오페라예술을 발전시키고 오페라 인구를 확보하기 위해 가장 현대적이고도 거대한 시설의 바스띠유 오페라 극장이 바스티유 광장에 세워졌다. 이 극장이 만들어지면서 파리 동부지역은 세계적인 문화시설을 소유하게 되었으며 수도의 이미지와 위신은 한층 강화되었다.

바스띠유 오페라 극장은 현대적인 유리와 금속, 그리고 전통적인 돌을 조화시켰으면서도 단순한 외형을 갖고 있는 건축물로 2천 7백석의 대형홀, 6백석의 계단식 강당, 연습실을 갖추고 있다.

그랜드 홀(La Grand Halle, 1985)

건축가: Robert et Reichen

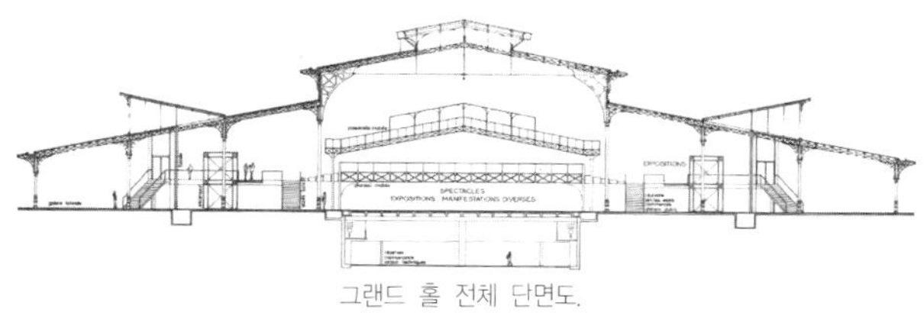

그랜드 홀 전체 단면도.

그랜드 홀은 1867년에 건축된 건물로 라 빌레트(de la Villette) 공원 내에 위치해 있다. 19세기에 지어진 철조건축물 중에서 가장 아름다운 건축물 중에 하나로 평가받는 그랜드 홀의 원래 모습을 잃지 않은 채로 문화행사(공연, 전시회, 음악회)에 활용하기 위해 2헥타르에 해당하는 공간을 재보수했다.

중앙홀 부분에는 철골받침대가 없도록 설계되었으며 공연장을 필요에 따라 변조할 수 있도록 이동식으로 건축되었다.

라 빌레트 음악도시(La Cité de la Musique, La Villette, 1989)

건축가: Christian de Portzamparc

라 빌레트 공원 입구에는 음악의 전당과 함께 음악학교, 음악뮤지엄 등이 포함된 음악도시가 조성되어 있다. 음악학교에는 공공 실습실, 연습실, 방음실, 미디어테크 등을 갖추고 있

음악도시.

으며, 나팔모양의 조형물인 음악의 전당은 남쪽의 정문격인 역할을 하고 있으며 800~1200석의 연주실을 갖추고 있다.

라 빌레트 과학산업관, 제오드(La Cité des Sciences et de l'Industrie, La Géode, La Villette, 1986)

건축가: Adrien Fainsilber

과학산업관은 과학과 기술산업의 변천과정을 이해하고 이에 대해 창조적으로 미래를 설계할 수 있도록 돕기 위해 마련된 양성기관이다. 라 빌레트공원 맨 북쪽에 위치한 이 거대한 뮤지엄의 크기는 3만 평방미터에 걸쳐있다. 상설전시장과 탐구실은 크게 4가지 분야(지상에서 우주까지, 생활탐구, 언어와 전달, 물질과 인간작업에 있어서의 과학과 기술)로 나누어져 있는데, 그 중에서 '탐구실'은 세계적인 수준을 갖추고 있다. 이

과학산업관 전경.

와 더불어 수많은 기획전, 플라네타리엄, 미디어테크, 과학의 현재를 알리는 방, 어린이용 인벤토리엄(inventorium), 시네마 상영실 등의 다채로운 공간들을 통해 발견과 경이, 학습 혹은 단순히 흥미를 위한 체험공간이 마련되어 있다.

과학산업관은 길이 275m, 폭111m, 높이 47m, 바닥면적이 120,000㎡에 달하는 거대한 구형과 그 앞의 독립적인 구(球)로 구성되어 있다. 본채 주변은 물로 에워싸여 있으며, 3개의 온실구조를 갖추고 있어 내부에 초목을 설치함과 동시에 자연광을 유입시키는 역할을 하고 있다. 본채 앞에 강철로 만들어진 구체에는 반구형의 영화관이 자리하고 있다.

라 빌레트 공원(La Parc de la Villette, 1982~1998)

건축가: Bernard Tschumi

라 빌레트 터는 도축장으로 쓰이던 곳으로 파리에서 가장 넓게 비어있던 장소였다. 파리 동북쪽에 위치한 35헥타르에 해당하는 이 대공원은 교외지역과 도심을 잇는 교량역할을 하고 있다. 이 프로젝트는 현재에는 한 시대의 비전을 보여주고 있으며, 그와 동시에 미래에는 파리의 경제나 문화의 핵심지역으로 활용될 목적을 가지고 있다. 라 빌레트 공원은 문화시설과 더불어 산책이나 축제를 위한 공간이 될 수 있으며, 주변에 위치해 있는 과학산업관, 그랜드 홀, 음악도시 등과 연결됨으로써 매우 다양한 문화적인 총체로서의 역할을 담당하고 있다.

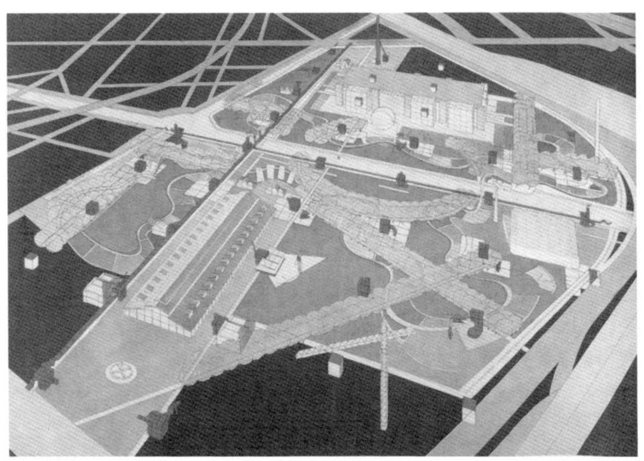

라 빌레트 공원 계획.

공원 전체에 분산된 '포인트시스템'으로
같은 정육면체에 범위 내에서 각기 다른 용도와 조형을 이루고 있는 폴리의 모습.

라 빌레트의 건축가는 1983년에 열린 국제설계경기 공모에서 당선된 츄미(Bernard Tschumi)로 공원 전체를 하나의 유기체로 연결시키기 위해 점과 선을 이용하고 있다. 점이 되는 붉은 큐빅(Cubic) 구조물(폴리라고 불림)들은 한 선상에 놓여있으며 주로 안내소, 간이식당, 매점, 어린이 놀이집, 온천장, 게임룸 등으로 사용되고 있다.

이 프로젝트로 인해 건축가 츄미는 전 세계적으로 알려졌으며, 지난 2003년 10월에는 LG와 현대건축사(CA Press) 초청으로 한국을 방문하여 전시회와 강연회를 가지기도 했다.

프랑크푸르트의 뮤지엄거리

    2차세계대전을 통해서 폐허가 된 독일은 무엇보다도 기반 시설의 마련이 필요했다. 그래서 이러한 건물들을 중심으로 건축이 이루어오다가 1960년대에 이르러서야 본격적인 문화 시설을 확충하게 되었다.

    1980년대에 이르러 독일은 전 세계적으로 괄목할 만한 뮤지엄을 보유하게 되었는데, 특히 한스 홀라인(Hans Hollein)의 뮌센글라트바흐(Mönchengladbach) 시립미술관(1982), 제임스 스티어링(James Stirling)의 슈투트가르트(Stuttgart) 시립미술관(1982), 웅거스(O.M.Ungers)의 독일건축박물관(1984), 그리고 리차드 마이어(Richard Meier)의 수공예미술관(Museum für Kunsthandwerk, 1984) 등이 대표적인 현대 뮤지엄들이다.

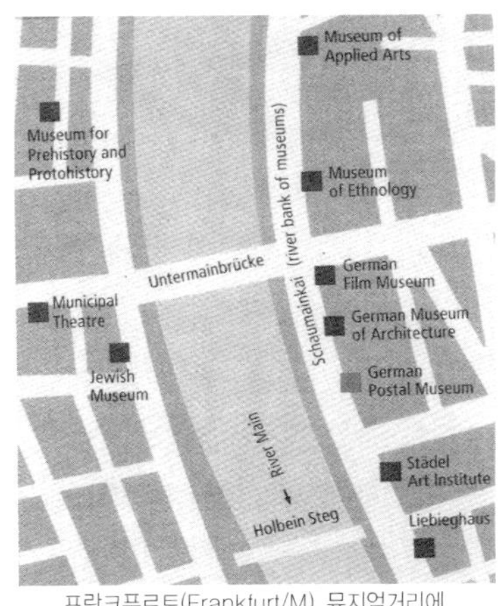

프랑크푸르트(Frankfurt/M) 뮤지엄거리에
위치한 뮤지엄들.

국제 상업·금융도시로 유명한 프랑크푸르트는 1972년에 역사박물관을 증·개축하는 것을 계기로 문화·뮤지엄도시로 탈바꿈하기 시작했다. 특히 19세기 전통양식의 건축물들이 산재해 있는 샤우마인카이(Schaumainkai) 거리는 도심과 마인 강을 사이에 두고 근거리에 위치하고 있어 접근성이 좋아 이곳 강변을 따라 각각 다양한 건축적인 특징과 전시물들을 갖추고 있는 뮤지엄들이 연속적으로 건축되어 일종의 뮤지엄거리(River Bank of Museum)를 형성되었다.

문화정책으로 시에서 의욕적으로 추진한 미술관 거리는 무엇보다도 기존에 있던 건축물을 이용했다는 특징을 지니고 있다. 이는 다음과 같은 세 가지의 의도를 갖고 추진되었는데, 즉 첫째, 19세기 베를린이 그러했듯이 또 하나의 문화거점을 만들려는 의도, 둘째, 마인 강변에 있는 역사적인 건물을 보존하려는 의도, 셋째, 도시기능을 분산시키려는 시의 도시계획적인 목적 등으로 인해 결정된 것으로 여겨진다.

뮤지엄거리를 조성하기 위해서 시는 이곳에 있던 기존의

빌라들을 구입하였으며, 그 후에 마인 강변을 따라 공예, 건축, 영화, 우편 등 7개의 뮤지엄거리를 조성하여 다채로운 볼거리를 마련하였다. 뮤지엄거리는 비록 거대한 규모는 아니지만 관람객들이 부담 없이 찾을 수 있는 체험의 장이자 시민들의 휴식공간으로 적지 않은 역할을 해내고 있다.

뮤지엄거리는 뮤지엄건축을 일종의 문화상품으로 활용하여 도시를 활성화시킨 좋은 사례이다. 이곳에서 해마다 열리는 '뮤지엄거리 축제'를 통해 시민과 관광객들은 함께 어우러져 뮤지엄문화를 직접 체험할 수 있다.

그 중 대표적인 뮤지엄들을 소개하면 다음과 같다.

수공예미술관(Museum of Decorative Art, 1979~1984)

건축가: Richard Meier

수공예미술관이 위치해 있던 곳은 원래 고급빌라가 산재했던 지역이었다. 이 프로젝트는 1979년 당시에 뮤지엄 설계분야에 경험이 많은 로버트 벤츄리(R.Venturi)와 한스 홀라인, 그리고 리처드 마이어 등이 경쟁한 끝에 마이어를 최종건축가로 선정했다. 마이어의 작품이 선정된 것은 1800년경에 건축된 메츨러(Metzler)가(家)의 기존 저택이 가지고 있는 특성들을 증축건물에도 적용시켰기 때문이고, 장차 증축될 또 다른 뮤지엄과 함께 백색건축 주변이 개방된 휴식공간으로 처리되었기 때문이었다. 이 프로젝트로 인해 당시까지 미국에서만 활동하

조형예술관으로 우측 구관과의 조화를 최우선으로 하고 있다.

던 마이어가 일약 세계적으로 신망을 받게 되는 동기가 되었으며, 그간의 '백색 건축'의 특성을 대형건축에 적용해 볼 수 있는 계기가 되었다.

이 뮤지엄의 조직적인 그리드(grid)는 두 가지의 기하학적인 형식에 근거하고 있는데, 그 하나는 기존의 축을 존중하고, 다른 하나는 도로와 직교되는 축을 선택함으로써 이를 조합시키는 것이었다. 또한 마이어는 기존저택의 평면크기를 신관 세 곳에 배치하면서 평면구성을 하였고, 기존에 있던 창을 그대로 받아들여 기존과의 조화를 도모하였다. 또한 기존과 신축건물을 2층에서만 가볍게 연결시켜 서로 적당한 거리를 유지시켜줌으로써 각각 자신의 위치를 확립하고 있다는 것도 독특한 특징이라고 할 수 있다.

현관에 들어선 이후의 동선은 마이어가 즐겨 쓰는 방식으로 개방된 램프를 따라 각 층으로 유도되고, 램프와 전시실 사이에는 헛벽이 설치되어 램프공간이 여전히 반개방적인 공간임을 알려준다.

전시물은 주로 유럽가구, 초기 베네치아 예술품, 중국도자기, 페르시아 예술품, 터키와 이슬람 도자기, 인디안 예술품 등으로 채워져 있어 유럽의 장식미술품의 참모습을 경험할 수 있다. 지하층에는 어린이용 갤러리와 강의실을 보유하고 있어 교육의 장으로서도 활용할 수 있다.

수공예미술관은 건축가가 건물의 설계 시에 전시계획까지 함께 고려하여 작업을 하였기에 어느 곳보다도 건축과 전시공간들의 조화가 자연스럽게 이루어지고 있고, 측창의 자연광을 통해 유입된 빛 또한 매우 자연스럽다. 또한 신축된 미술관임에도 불구하고 기존의 모습을 상당부분 유지시켰기에 기존의 빌라를 리노베이트(Renovate)한 인상을 주면서도 전체적으로는 명랑하고 신선해 보인다. 주변에 민족학뮤지엄이 계획되고 있는데, 그 뮤지엄이 완성되면 더욱 안정된 조형을 볼 수 있게 될 것이다.

독일건축뮤지엄(German Architecture Museum, 1981~1984)

건축가: Oswald Mathias Ungers

1912년에 건축된 이 빌라는 건축사적인 의미보다는 장소가 갖고 있는 의미나 추억을 상기시키는 곳으로서는 가치가 더욱 크다.

외형은 주변건물들과 비슷하여 매우 고전적인 느낌을 주고 있으나 내부는 방문객이 거의 예견할 수 없을 정도로 새로운 격자를 기본으로 담백한 공간을 연출하고 있다. 즉 이 건축물은 '집속의 집'이라는 이미지를 가지고 기존 건물의 외형은 그대로 둔 채로 내부를 새로운 격자구조로 개조한 것이다.

기존건물이 2가족용 저택으로 협소한 까닭에 입구부터 정원과 대지경계까지를 실내공간화하여 전시공간을 확보했다. 따라서 내부공간 자체가 외부공간으로 인식되도록 하였으며 중심부에는 상층부까지 연결된 별개의 구조가 '집속의 집'을 이루고 있다. 건축물 자체가 하나의 전시물로서 주로 건축도면과 건축모형을 전시해놓고 있다.

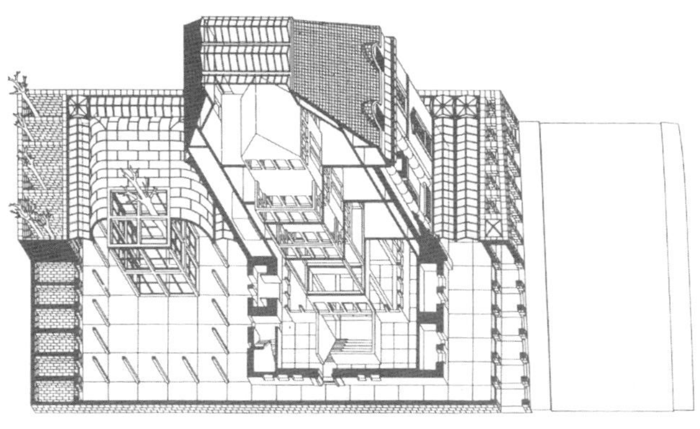

독일건축뮤지엄 단면투시도. 중앙을 개방하여 건축물 속에 또 하나의 건축물이 중첩된다.

독일우편관(German Postal Museum, 1984~1990)

건축가: Günter Behnisch

이 프로젝트의 설계자는 뮌헨 올림픽 주경기장을 설계한 바 있는 건축가로 그는 무엇보다도 먼저 기존 빌라와 정원을 존중한 채로 건축하되 자연광을 최대한 내부공간에 유입시킬 수 있도록 설계했다.

구관과는 전혀 다른 형태와 재료를 사용하여 대비를 이루고 있는 독일우편관은 유리와 금속을 경쾌하게 이용하고 있는 등 최첨단 우편통신기술에 어울리는 외부와 내부 디테일 등을 가지고 있어 개관 당시부터 많은 주목을 받았다. 입구 계단으로부터 내부 각층의 디테일까지 건물 전체가 하나의 거대한 통신시설을 묘사하고 있는 듯하다. 특히 중심을 이루는 반원

전시장 외부로부터 자연광이 지하층까지 유입되어 공간의 개방감을 준다.

형의 메이저 스페이스가 전관을 밝히고 지하층까지 개방되어 있는 것이 특징적이다.

이곳에서는 각종 우표를 비롯하여 우편의 발달과정에 따른 통신시설, 차량, 비행기 등이 실물과 모형으로 전시되어 있는데, 흥미로운 점은 관객이 직접 전시물을 작동할 수 있도록 꾸며져 있다는 것이다.

독일우편관 또한 기존의 건축물 - 현재 관리동으로 사용하고 있다 - 을 존중한 채로 원형과 사각형의 기본형태를 다채롭게 나타냈다. 건물입구에 설치되어 있는 '돈키호테'는 최첨단 우편통신기술을 상징하고 있는데, 백남준의 작품이라는 것 때문인지 우리의 시선을 더욱 자극하고 있다.

스테델 갤러리 신관(Städel Art Institute, Extension, 1987~1991)

건축가: Gustav Peichl

스테델 뮤지엄은 1816년에 미술연구소로 설립되었다가 1906년에 시민을 위한 뮤지엄으로 개방되었다. 현재의 구관은 1878년에 개관되었으며 신관은 1991년에 미술학교가 세워지면서 정원을 가운데 둔 형태로 증축되어 현재에 이르고 있다.

구관과 신관은 공간적으로는 2층에서 짧은 다리로 연결되어 연계성을 유지시켰으나, 외형적으로는 극도로 절제된 조형이나 재료의 상이함 때문인지 각자 개별적인 건축물이라는 느낌을 강하게 주고 있다.

스테델 갤러리.

　의도적으로 좁게 만들어진 현관을 통과하면 작은 홀에 이르게 되는데, 이곳에서 2층의 상설전시장으로 다시 통로가 연결되어 있다. 가는 기둥으로 둘러싸여 있는 중앙 홀은 상하가 개방되어 있고 각 전시동선의 분기점을 이룬다.

　구관에서는 주로 20세기 이전의 작품들이 전시되어 있으며, 증축된 건물은 20세기 이후의 컬렉션과 기획전시실로 이용되고 있다. 전시실은 창문이 없는 것이 일반적이나 이곳은 독특하게도 전창을 사용하여 자연광을 유입하고 있다. 외관의 조형은 극도의 절제미를 보여주고 있으되 몇 가지의 부분적인 장식을 통하여 변화를 꾀하고 있다.

프랑크푸르트 현대미술관(Museum of Modern Art, 1983~1991)

건축가: Hans Hollein

프랑크푸르트 현대미술관은 케이크 모양의 뾰족한 삼각형 건물로 삼면이 각기 다른 형태를 띠고 있다는 특징을 지니고 있다. 이 미술관은 근처에 대성당과 프랑크푸르트의 상징인 파울(Pauls)교회와 로마시대부터 시청사로 사용해 오던 뢰머(Romer)가 있는 등 그곳은 역사적으로도 매우 의미 있는 요충지이다.

주 진입로는 사람들의 왕래가 빈번한 삼각형 모퉁이에 마련되어 있는데, 이곳으로 들어가면 좁고 긴 홀을 통하여 중심공간인 메인 홀로 유도된다. 내부중심 홀은 상층까지 개방되어 있고 주변에는 개별전시실들이 둘러싸고 있다.

전체적으로는 부정형의 삼각형의 모습을 하고 있지만 전체적으로는 구형으로 처리되어 있어 전시기능에 적합하게 만들어져 있다. 삼각형 모서리 부분의 전시실은 날카로운 느낌만큼이나 전시물도 알맞게 꾸며져 있다. 전시실은 작가의 의도에 따라 위치가 정해지며 필요에 따라 2개 층에 할애되기도 한다. 프랑크푸르트 현대미술관 또한 설계 때부터 해당 작가와의 사전 협의를 거친 후에 전시공간이 계획되었기에 전시물이 어떻게 하면 돋보일 수 있는지에 대한 방법이 모색되었다.

각기 다른 모습을 갖고 있는 창문을 통해 실내에서 도시를 바라볼 수 있게 꾸며져 있으며, 최상층의 전시실들은 천창을

삼면의 모습이 각기 다르게 처리된 프랑크푸르트 현대미술관.

통하여 들어오는 자연광을 받아들이고 있다.

인구 1만 명당 하나 꼴인 바젤의 뮤지엄들

스위스 문화의 상징이라고 자부하고 있는 바젤은 스위스와 독일, 그리고 프랑스 3개국에 접한 도시이다.

바젤은 20만 명이 살고 있는 작은 전원도시임에도 불구하고 26개에 달하는 뮤지엄이 있다. 즉 인구 1만 명당 뮤지엄이 하나 꼴인 셈이다. 10만 명당 하나의 뮤지엄이 있을 때에 그 도시를 문화적으로 바람직하다고 평가받는데, 이러한 입장에서 바젤은 뮤지엄 도시라고 해도 과언이 아닐 것이다.

그 중에서도 세계적인 가구 회사가 운영하는 비트라 디자인(Vitra Design) 뮤지엄, 세계적인 수집가의 뜻에 따라 건립된 베이어러 재단(Beyeler Foundation) 뮤지엄, 조각가 장 팅글리의 작품을 전시해놓고 있는 뮤지엄 등이 유명한데, 그 중 대표적

인 뮤지엄을 소개하면 다음과 같다.6)

비트라 디자인 뮤지엄(Vitra Design Museum, 1987~1989)

건축가: Frank O. Gehry

1940년대에 바젤에서 탄생한 비트라 국제상사(Vitra International)는 유명한 디자이너나 건축가가 디자인한 가구를 생산하여 전 세계에 보급한 가구회사이다. 바젤 근처에 위치해 있는 독일의 마지막 도시인 베일 암 라인(Weil am Rhein)에 건립된 비트라 디자인 뮤지엄은 비트라의 역사를 보여주고 있을 뿐만 아니라 전 세계에서 지금까지 컬렉션된 1,600여 점의 가구들이 전시되어 있다.

비트라 디자인 뮤지엄 전경.

이 뮤지엄은 공장건물, 명상관(Meditation Pavilion, 1993)과 더불어 하나의 관광코스를 이루고 있어 비트라의 기업이미지를 높여주는 역할을 하고 있다는 점이 주목할 만하다. 이곳에서는 가구의 전시뿐만 아니라 가구에 대한 연구, 출판과 워크샵을 후원하는 등 사회에 기여하는 역할도 적지 않다. 이 뮤지엄이 소장하고 있는 컬렉션의 축소모형(miniature)을 생산·판매하는 일도 주요 사업의 하나이다.

전체 전시공간은 단층으로 구성되어 있고, 일부는 2층 전시실이 갖추어진 소규모의 뮤지엄이다. 전시공간은 뒤틀린 상자와도 같은 변형된 구형으로 방마다 바닥과 천장의 높이가 다르게 구성되어 있는 특징을 지니고 있다. 이처럼 공간의 구석이나 천창으로부터 유입된 자연광도 방마다 달라 전시실의 분위기 또한 각각 다르다. 가구를 매단 전시테크닉은 빛과 공간과 전시가 일치되어있음을 보여준다. 바트라 디자인 뮤지엄의 외형은 하나의 입체파 조각처럼 방향성이 없어 보는 각도에 따라 다른 형태로 보인다.

바이엘러 뮤지엄(Beyeler Foundation Museum, 1993~1997)

건축가: Renzo Piano

바이엘러 뮤지엄은 방문객을 끌어들이기 보다는 컬렉션의 가치와 문화수준을 고양시키는 데 목적을 두고 건립된 뮤지엄이다.

바이엘러 뮤지엄.

재단의 설립자인 바이엘러(Ernst Beyeler)는 세계적인 미술
품수집가로 알려진 미술애호가이다. 이 뮤지엄은 그가 오랫
동안 수집해온 현대미술의 거장들(Giacometti, Kandinsky, Klee,
Picasso 등)의 작품 160여 점과 대양주 및 아프리카의 가면·인
형·토속적인 목각 등을 전시하기 위해 건립되었다. 이런 점에
서 바이엘러 뮤지엄은 한 미술애호가의 열정이 한 도시의 문
화를 이끌어나갈 수도 있다는 교훈을 주고 있다.

이 뮤지엄을 설계한 렌조 피아노는 파리의 퐁피두 센터를
설계한 건축가로 휴스턴의 메닐 컬렉션 앤드 뮤지엄(Menil
Collection & Museum, 1981~1987)도 설계하여 국제적으로 인
정을 받기도 한 건축가이다. 그는 전통양식, 형태, 하이테크
건축(Higt-Tech)의 작가로 "건축은 일종의 서비스로, 건축한다

는 것은 소재의 조립"이라고 주장하여 프로젝트마다 새로운 소재·구조·공법·디테일을 적용해왔다. 그는 무엇보다 전시물을 잘 드러나게 하도록 건축물을 최소한으로 절제한다는 원칙을 고수하고 있다. 그는 특히 천창에 혁신적인 조명시스템을 선보임으로써 현대의 뮤지엄발전에 크게 기여하고 있다.

바이엘러 뮤지엄은 길이가 120m나 되는 긴 단층건물로 19개의 전시공간 모두가 천장으로부터 자연광을 받아들이고 있다는 특징을 갖고 있다. 기둥의 간격(7×11m)들은 일정하지만 방의 크기는 각기 다르고 방과 방사이의 출입구를 달리하여 전시실마다 각기 다른 분위기를 자아내고 있다. 보통의 뮤지엄들이 일반적으로 상설전시실과 기획전시실을 엄격히 구분시키고 있는 것에 반해 이 뮤지엄은 기획전시실을 고정시키지 않고 필요에 따라 상설전시실로도 활용할 수 있게 한 점도 특징이다.

자연광을 유입시키기 위해 유리천장은 2중으로 처리되어 있다. 이곳에서 여과되어 유입되는 자연광과 작품에 배려된 공간분위기는 방문객이 긴장하거나 부담을 느끼지 않고 편안하게 전시물을 감상할 수 있는 쾌적한 전시환경을 조성해주고 있다. 유리지붕은 하늘에 떠 있는 구름과도 같이 경쾌하며, 외벽에 사용한 석재는 역사적인 바젤성당이나 시청사에 사용한 검붉은 사암과 유사해서 바젤의 고전풍을 재현한 듯하다.

지하전시실은 윈터가든(winter garden)과 연계되고 있으며, 다목적 홀로도 활용되고 있다. 기존 빌라는 학예실과 관리실,

열람실, 식당으로 사용된다.

팅글리 뮤지엄(Museum Jean Tinguely, 1993~1996)

건축가: Mario Botta

팅글리 뮤지엄은 스위스 출생의 위대한 조각가인 팅글리의 업적을 기리기 위해 그와 친분이 있는 국제상사인 로체상사가 창립 100주년을 기념하여 건립기금을 지원하고 그의 미망인인 니키드 쌩폴이 남편의 유작을, 시(市)가 장소를 제공하여 1996년에 설립된 뮤지엄이다.

이 뮤지엄은 공원의 수목 및 라인 강변과 어우러진 좋은 환경조건을 갖고 있기는 하지만 고속도로에 접하고 있어 무엇보다 소음을 막아내도록 설계해야 했다. 그래서 진입부 역시 도로 쪽이 아닌 공원 쪽에 마련되었다. 전시공간은 대 공

팅글리 뮤지엄 외관. 도로변의 소음을 차단하기 위하여 무창으로 처리했다.

간을 비롯하여 부분적으로 중2층과 3층, 그리고 반 지하층으로 구분되어 있지만 동선의 연출을 통하여 관람순로에 따르게끔 하였다.

팅글리의 작품은 20세기의 산업사회를 의미하는 역동적이고도 시끄럽게 움직이는 조각으로 주로 아일랜드의 전시기법을 도입하여 제작되었다. 대공간은 자유롭게 공간을 꾸밀 수 있도록 3개의 층이 오픈되어 있어 어떠한 전시도 가능하다. 또한 이곳에서는 주전시공간(30×60m)을 5등분할 수 있는 스크린장치가 천장에 매달려 있어 필요에 따라 공간을 구획할 수 있게 되어 있기도 하다.

팅글리 뮤지엄의 조형적인 특징으로는 그 지방의 석재를 사용하여 강한 매스를 구사하였다는 것을 들 수 있겠다.

관광 0순위로 떠오른 빌바오의 구겐하임 미술관

빌바오는 스페인에서 4번째로 큰 도시이자 조선소로 유명한 옛 도시이다. 바스크(Basque) 지방에서는 가장 부유하기는 하지만 오늘날에는 약 60만 명이 살고 있는 퇴색되어버린 도시에 불과했다.

옛 명성을 되살리고 활성화시키기 위해 빌바오 시에서는 공항이나 지하철 역사나 최첨단의 보행용 다리들을 새롭게 건설하는 것과 아울러 네르비온 강변을 중심으로 추진되던 재개발계획에 뮤지엄 건설을 포함시켰다. 시가 의도했던 것처럼 새롭게 건설된 뮤지엄으로 인해 빌바오는 활성화되었을 뿐만 아니라 관광 0순위로 떠오를 만큼 성공적이었다. 무엇보다도 이곳에 세워진 구겐하임 미술관─뉴욕의 구겐하임(Solomon R.

빌바오의 구겐하임 미술관 전경. 물위에 떠있는 배의 모습 같기도 하다.

Guggenheim) 이후 다섯 번째 분관(branch) — 은 정치·경제·문화적인 협력자로서의 뉴욕과 빌바오가 만나는 '대서양축'이 만들어진 셈이 되었다.

조선소와 중공업지대였던 빌바오를 문화도시로 거듭나기 위한 계획이 바스크 정부에 의해 1980년대부터 수립되기 시작했다. 도시경제를 되살리려는 목적으로 진행된 재개발로 '근현대 뮤지엄건축'이 포함되어 있었으며, 구겐하임 재단(관장 Thomas Krens)의 건의로 구겐하임 미술관이 건립될 수 있었다. 1991년 6월, 바스크정부와 구겐하임재단이 주최한 지명설계경기공모를 시작으로 시작된 이 프로젝트에 뮤지엄건축의 권위자인 이소자끼(Arata Isoazki), 힘멜브로(Coop Himmelbrau)를 제치고 만장일치로 프랭크 게리(Frank O. Gehry)가 선정되었다.

구겐하임 재단은 바스크 지역사회가 마련한 1억 달러의 기금을 바탕으로 구겐하임 뮤지엄 프로그래밍과 주요 컬렉션의 수집뿐만 아니라 큐레이터 활동까지도 주관했다. 쉽지 않은 조건 속에도 구겐하임 재단이 프로젝트를 성사시킴으로써 이 뮤지엄은 건립되던 때부터 세계의 주목거리가 되었고 개관 즉시 많은 미술애호가들의 순례지가 되었다. 이 뮤지엄은 무엇보다도 우리 시대를 대표하는 미술을 해석하고, 예술가적인 교육과 미술을 이해할 수 있는 지식을 육성하며, 구겐하임의 광범위한 컬렉션을 보충하는 성격을 가지고 있다.

이 뮤지엄은 빌바오의 경제를 되살려놓은 역할뿐만 아니라 미래의 개척자요 시민들의 자긍심을 불어넣어주는 계기로 작용했다. 또한 대중문화에 잠식되어가는 문화적인 가치를 되살려주는 일도 담당했다. 다시 말해 이 프로젝트는 빌바오를 재생시킨 수준을 넘어 세계의 문화도시로 거듭나려는 바스크족의 꿈과 용기, 건축가의 예술적인 신념과 추구 그리고 토마스 크레인스 관장의 세계적인 비전이 절묘하게 조화를 이루어 20세기의 마지막 걸작을 탄생시키게 되었던 것이다.

이 뮤지엄이 있던 지역은 조선소와 공장과 산업폐기물이 쌓였던 곳이었으나 빌바오 시의 노력으로 공원, 사무실, 아파트, 상가 등이 새롭게 건설되었다. 동측에는 외곽지대에서 도심으로 들어오는 다리가 관문역할을 하고 있고, 전면은 옛 도시의 모습을 간직하고 있으며, 북쪽 강변은 공원지역으로 산책로가 이어져 있다. 지형을 최대한 이용하기 위해 기획전시

정면 광장의 꽃조각.

동은 다리 밑까지 연장되어 있으며, 건너편에는 현대 건축을 상징하는 '금속 꽃탑'이 솟아있다.

이 뮤지엄이 갖고 있는 특징 중 하나는 디자인 초기부터 건축공간과 설치작품들을 은밀하게 일치시키고 있다는 점이다. 공간구성 면에서 보면 진입 홀을 지나 메이저 스페이스, 즉 뮤지엄의 심장부에 도달하게 되어 있는데, 이는 마치 동심원의 날개처럼 각 전시실들이 그 주변을 둘러싸고 있는 모습을 보여주고 있다.

형태적인 면에서 보자면 빌바오의 구겐하임 미술관은 '빌바오의 기존 분위기에 역행하는 새로운 건축형태를 갖되 도시에 활력을 불어넣어주어야 한다'는 프로젝트의 조건에 부합된다. 또한 이 뮤지엄은 컴퓨터 테크놀로지에 의한 조각처럼 네르비온 강에 반사되어 팝 미술과도 같은 시각적인 즐거움 또한 주고 있다.

전체적으로 바위 덩어리가 쌓여 있는 듯한 느낌을 주는 이 건축물은 세 가지의 재료와 공간으로 이루어져 있다. 전통적인 스페인산 석재 수직면은 지원시설이고, 신소재인 티타늄(titanium)으로 광채를 발휘하는 곡면은 전시공간이며, 유리로 개방된 부분은 관객이 움직이는 공적공간에 해당된다. 재료의 사용 및 조합으로 층의 구분을 알 수 없게 한 점이나 건축적인 장치를 통해 자연광을 유입시킨 점 등도 이 뮤지엄이 가진 특징이라 할 수 있다.

전 세계의 많은 도시들이 빌바오를 교훈으로 삼아 적지 않은 문화적 자극을 받았다. 뉴욕 시는 2005년까지의 완공을 목표로 맨해튼 동측부두에 대규모 구겐하임 미술관을 계획하기

구겐하임 미술관의 기획전시실.

도 했다(불행히도 현재는 자금관계로 중단상태이다). 대만에서는 또 다른 구겐하임 미술관의 건립을 두고 구겐하임 재단과 협상 중에 있으며, 리우 데 자네이루에서도 2007년 개관을 목표로 뮤지엄이 건설중이다.

우리나라에서도 몇몇 도시에서 구겐하임 미술관을 유치하기 위해 계획을 세우기도 했으나, 워낙 까다로운 조건과 예산 문제로 성공하지 못했다고 한다.[7]

한국 뮤지엄건축의 발전과 문화정책

우리나라 최초의 뮤지엄은 황실이 보유하고 있던 재보(財寶)를 체계적으로 정리하고자 1908년에 설립된 이왕가 유물관이라고 할 수 있다. 1909년 11월에 창경궁이 일반에게 공개되면서 식물원·동물원과 함께 이왕가의 유물관도 전시기능을 발휘하게 되었다. 이 유물관이 덕수궁 석조전으로 옮겨진 후에 1938년에 8실의 전시실과 수장고, 강당 등을 갖춘 이왕가 미술관이 본격적으로 발족되었다.

그 후 조선총독부는 뮤지엄의 필요성을 절감한 후에 이를 해결하기 위해 1939년에 경복궁 뒤뜰에 미술관을 지어 조선미술전람회 등을 개최하기도 했다. 이와 더불어 1925년 5월에는 일본국왕의 성혼 25주년을 기념한다는 명분으로 과학관을

창경원에 세워졌던 이왕가 유물관은 일제의 잔재라는 여론에 의해 1992년에 철거당했다.

건립하여 1927년부터는 일반에게 공개되기 시작했다. 민간 뮤지엄으로는 간송 전형필이 1938년, 서울 성북동에 2층짜리 서양식 건물을 건립하여 최초로 사립미술관을 개설하였는데, 이것이 바로 현재의 간송미술관이다.

광복 후부터 1960년대까지는 전후 복구의 이유로 뮤지엄건축이 크게 신장하지 못하였다. 당시에는 사회재건이라는 요구 아래 주거용건축과 생산용건축이 무엇보다도 우선되었기 때문에 뮤지엄을 포함한 공공건축으로서의 문화건축은 투자의 우선순위에서 뒤질 수밖에 없었다.

1961년부터 1970년에 이르는 10년 동안에도 국가경제재건이 무엇보다 우선되어 문화건축에의 투자는 여전히 여의치 않았으나 '문화입법'과 '문화행정기구의 단일화' 등으로 관리의 정비가 이루어지는 성과가 있기도 했다.

창경궁에서 미술품을 옮겨와 만든 덕수궁 석조전의 이왕가 미술관.

1960년대 말부터 국립부여박물관과 국립종합박물관(현 국립민속박물관)이 완공됨으로써 한국의 현대 뮤지엄건축이 시작되었다. 그 후 연속적으로 국립공주박물관, 부산직할시립박물관, 국립광주박물관, 국립경주박물관 등의 전통적인 뮤지엄들이 쏟아져 나왔다. 1975년 1월에 개최된 '문예중흥과 건축에 관한 세미나 - 민족박물관 건립에 즈음하여'라는 주제의 세미나는 매우 중요한 문예중흥의 계기로 기록된다.

1985년에는 박물관법이 공포됨으로써 용어의 정립 및 사업의 내용이 규정되었다. 제5공화국 시기에는 다소 안정된 국가경제를 바탕으로 문화중흥을 제창하여 대규모의 문화건축프로젝트에 착수하게 된다. 대형 신축건물에 적용할 미술품의 설치규정(건물 총 공사비의 1%에 해당하는 금액을 예술장식품에 투자하는 의무사항)이 만들어진 것도 이때의 일이다.

작가의 창의성보다는 전통목조건축을 콘크리트로 재현했다는 시비로 건축계의 논란을 겪었던 현 국립민속박물관.

제6공화국은 전대의 문화정책을 더욱 가속화하여 1988년에 문화부가 창설(초대장관 이어령)되었고 공보와 문화정책을 병존하던 체계에서 문화가 정부정책과정에서 독립되기 시작했다. 이와 더불어 86아시안게임과 88서울올림픽을 계기로 많은 문화시설과 뮤지엄이 건축되기 시작했다.

1990년대부터 시작된 지방자치제로 인해 지역마다 문화시설과 뮤지엄들이 활발하게 건립되고 계획되었다. 2002년에 열린 월드컵 축구경기는 다시 한번 문화시설의 걸립열풍이 불 수 있는 계기가 되었다.

덕수궁 돌담길을 가다 보면 가장 높은 곳에 서울시립미술관이 자리하고 있다. 원래 이곳은 일제시대 당시에 우국지사들을 체포하고 구금하기 위해 1928년에 지어진 경성재판소였다. 그러나 이후 서울시에서 1996년에 종합문화시설로 활용코자 전면만 남기고 그 외의 모든 부분을 재건축하여 서울시립미술관으로 탈바꿈시켰다. 이곳은 비록 일제의 잔재이기는 하

나 마이너스 문화재를 보존하는 것도 역사를 바로 볼 수 있는 기회가 될 수 있다는 판단 아래 '무엇을 얼마만큼 어떻게 남길 것인가'에 초점을 맞추어 재건축되었다.

국립중앙박물관

용산가족공원 자리(과거 미8군 골프장을 전용한 장소)에 국립중앙박물관이 건축되어 2005년 10월 28일에 문을 열었다. 대한민국 민족정기의 회복과 경복궁 복원으로 조선총독부 건물이었던 옛 국립중앙박물관이 철거되면서 5천 년의 역사와 문화를 보존하고 전시할 새 뮤지엄을 온 국민의 염원에 따라 새로이 건립하게 된 것이다.

이에 지난 1993년 11월에 대한민국 정부는 새로운 국립중앙박물관을 건립하기로 결정하고, 건립을 위한 종합기획과 국제설계경기가 포함된 지침서가 한국건축가협회에 의해 작성되었다. 1994년 12월에는 국제건축가연맹(UIA) 공인 하에 자격을 갖춘 건축가라면 누구나 참가할 수 있는 개방된 형식의 2단계 국제설계경기가 공고되었고, 1995년 5월 31일 1단계 작품이 마감된 결과 349점이 접수되었다. 이중 1차 심사결과 10작품이 2단계 심사대상이 되었으며, 최종으로 당선작을 비롯한 5점의 입상작을 결정하였다.

국립중앙박물관을 건축하기 위하여 실시된 국제설계경기가 있기 전까지 한국에서는 단 한번도 정식 국제설계경기를 경험한 적이 없었다. 다시 말해 이 프로젝트로 인해 전 세계 건축계에서 한국 건축이 차지하는 위치가 그만큼 높아진 것이다.

최종 입상작과 심사위원은 다음과 같다.

· **최종입상작**
당선작: 정림건축 김창일(한국)
2등: 크리스티앙 드 포르잠박(프랑스), 김병년 및 신재순
　　(한국) 합작
3등: 김현철, 김용미, 김상식, 김석윤, 김홍식(한국) 합작
4등: 베르너 크리스텐(스위스), 곽영훈, 이승우(한국) 합작
5등: 로랑 살로망(프랑스), 김홍일(한국) 합작

· **심사위원**

위원장: 빌헬름 퀴커(독일)

부위원장: 이광노(한국)

위원: 가에 아우렌티(이탈리아), 랜달 보스벡(미국), 앙리
　　　시리아니(프랑스), 정양모(한국), 유희준(한국)

예비: 존 데이비슨(호주), 장석웅(한국)

당선작은 한국의 전통적인 자연관과 건축정신을 현대적으로 재해석한다는 기본개념을 가진 작품이었다. 한국의 산을 한국인의 정신의 일부로 보았으며 물과 함께 어우러진다고도 했다. 그런 뜻에서 '거울 못'이라는 거대한 호수를 전정 중심부에 설정하고, 그 배경으로 본채를 성곽처럼 길게 배치시켰다. 또한 한국전통방식에 따라 남향으로 배치되어 배산임수(背山臨水)의 지세를 취하고 있다.

국립중앙박물관은 일대가 뮤지엄 컴플렉스(museum complex)로 꾸며지게 될 용산 지역에 세워진 두 번째 뮤지엄이라는 의미를 가지고 있으며, 남산의 자연녹지축과 연계시키기 위해 건물 중앙을 '열린마당'으로 개방시키고 있다는 특징을 지니고 있기도 하다.

전체 건축은 하나의 성벽처럼 길게 보이나 중앙의 열린 마당을 중심으로 크게 전시공간과 수장기능을 담당하고 있는 동관과 기획전시실·어린이 뮤지엄·교육과 문화, 그리고 지원기능을 담당하고 있는 서관으로 나누어 볼 수 있다.

국립중앙박물관 당선작 조감도.

　전시동인 동관(east wing)은 원통형의 대 공간을 거처 '역사의 거리'와 연결된다. 역사의 거리는 전시영역의 전실역할을 하는 대형 몰(mall)로 3개 층이 개방된 상태로 천창으로부터 자연광이 유입되고 있다. 이곳에서는 한국을 대표하는 '경천사지 10층 석탑'이 놓여져 있다.

　좌우의 3개 층은 전시공간으로 구성되는데, 1층에서는 고고와 역사영역으로 구분되고 2층은 미술영역, 그리고 3층은 기증영역과 동양영역으로 구분된다.

　새롭게 건설된 국립중앙박물관은 규모면에서 세계 6대 뮤지엄에 속하게 되며, 미군이 이전하여 남겨질 용산 일대의 약 100만 평의 땅이 뮤지엄 컴플렉스로 전환되면 서울의 문화풍경이 바뀌는 좋은 계기가 될 것이다. 하지만 이곳에 고층주거

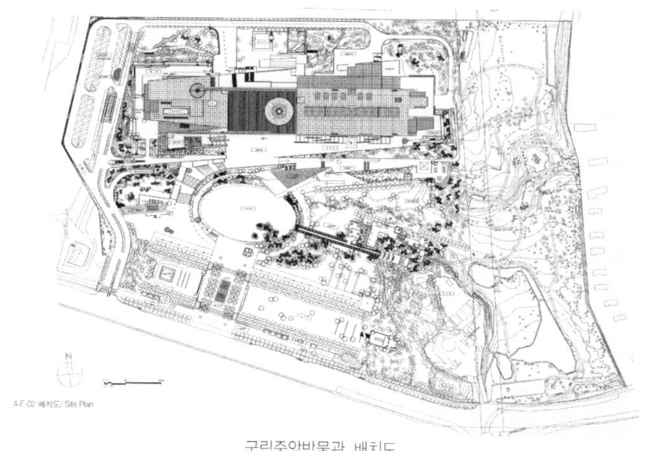

국립중앙박물관 배치도.

단지가 조성된다면 서울은 더 이상 구제할 수 없는 도시가 되고 말 것이다.

뮤지엄 컴플렉스는 도시의 활력과 재생, 그리고 시민들에게 자긍심을 주는 역할을 한다. 또한 대중문화에 잠식되어 가는 문화적인 가치를 되살리는 계기가 될 수 있을 것이다.

도시를 활성화시킨다는 측면에서 남산과 한강을 연계하여 용산 뮤지엄 컴플렉스를 조성하려는 생각은 서울을 '정치·경제 중심의 도시'에서 '문화 중심의 도시'로 탈바꿈시킬 수 있고, 미래를 향한 열린 도시로 바뀌게 되는 중요한 기능을 하게 될 것이다. 관광자원의 측면에서도 큰 역할을 할 것으로 기대된다.

물론 경복궁이나 덕수궁 주변의 문화유적을 묶음으로써 서

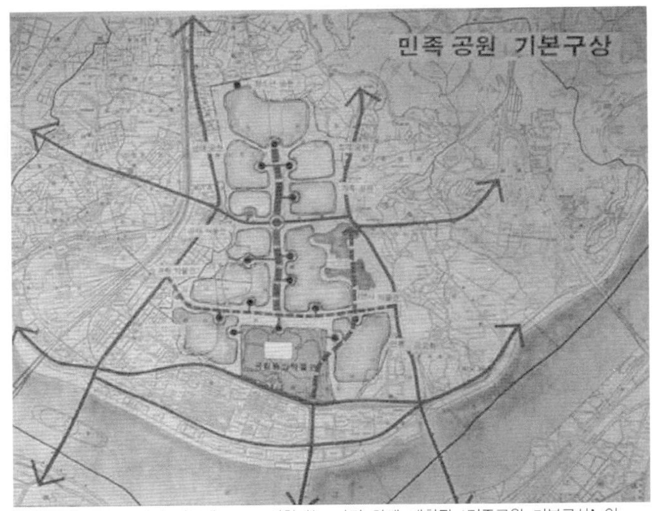

용산기지를 뮤지엄 컴플렉스로 조성한다는 가정 하에 계획된 '민족공원 기본구상' 안.

울이 지니고 있는 문화적인 가치를 올릴 수도 있겠으나, 이와 아울러 우리가 앞서 살펴본 다른 선진국들의 사례를 참고로 하여 용산의 미8군 기지를 대규모의 뮤지엄 컴플렉스로 꾸며 진다면 서울의 문화적인 가치를 한껏 올리는 좋은 계기가 될 수 있을 것이다. 1천만 명이 넘는 거대도시인 서울을 살리는 이 사업은 국가적인 차원에서 기획되어야 현실화될 수 있으리 라 본다.

한국의 새로운 뮤지엄

한국의 뮤지엄건축은 불과 얼마 전까지만 해도 특수건축의 하나로 취급되었으나, 문화정책이 활발해지고 국민들의 문화수준이 높아짐에 따라 이제는 보편적인 부문이 되어가고 있다.

특히 지방자치제가 실시된 이후부터는 각 지자체마다 뮤지엄을 건립하였거나 건립하려는 계획을 가지고 있으며, 특히 뜻있는 기업이나 개인들이 뮤지엄 건립에 깊은 관심을 갖고 있다는 반가운 소식이 들리고 있다.

양대 올림픽(86아시안게임과 88서울올림픽)을 계기로 한국의 뮤지엄건축이 본격적으로 성행하기 시작하였는데, 당시에 건립된 국립현대미술관이나 독립기념관은 주로 국가가 주도적

경기도 과천에 국립현대미술관이 세워졌으나 접근성의 문제로 덕수궁 분관을 두고 있는 등 서울의 사대문(四大門) 안으로 옮겨야 할 형편이다.

으로 진행한 대형 프로젝트로, 올림픽조각공원·국립과학관·예술의전당 내 미술관 등도 이 때에 신축·개관되었다.

1990년대에는 국립지방박물관이 전주·부여·대구·김해에 새로이 건립되었고, 공립박물관으로는 전쟁기념관·경기도박물과·서울역사박물관·부산시립미술관·청주고인쇄박물관·대전시립미술관 등이 새롭게 문을 열었다. 사립박물관으로는 선재미술관·환기미술관·제주영화박물관, 대학박물관으로는 이화여대박물관·서울대학교박물관이 신축·개관되어 대학의 문화적이고 교육적인 질을 높여주고 있다.

이처럼 뮤지엄이 많다고 목적이 다 이루어지는 것은 아니다. 이와 아울러 보다 유효한 프로그램이 운영되어야 하기 때문이다. 다행스러운 일은 국립중앙박물관의 건립을 계기로 기

경기도 박물관은 지방자치제 박물관 중에서 가장 활발한 운영을 보여주고 있으며, 부설로 어린이박물관을 증축 중이다.

본계획연구 프로그램이 수립되거나 평생교육을 위한 프로그램연구가 선행되어야 한다는 인식이 생겨났다는 점에서 국립중앙박물관의 준비과정은 매우 의의가 크다고 본다.

2000년도에 새롭게 신축된 국립지방박물관으로는 제주·공주·부여·춘천 등이 있고, 공립으로는 서울시립미술관·서대문자연사박물관·경남도립미술관 등이 현대 뮤지엄의 기능과 역할에 신경을 쓰면서 건립되었다.

특히 새로운 뮤지엄건축을 설계한바 있는 외국의 저명건축가에 의해 이루어진 작품들이 한국의 뮤지엄건축을 국제적인 수준으로 고양시키고 있다. 그 대표적인 사례가 삼성미술관 리움(Leeum)인데, 이 뮤지엄은 뮤지엄설계에 경험이 많은 세 건축가(마리오 보타, 장루벨, 렘쿨하스)가 협동으로 이룬 작품이

삼성미술관 '리움'의 전경.
2004년 개관 당시 뉴욕의 MoMA(근대미술관)와 견줄 정도로 세계의 주목을 받고 있다.

라 어느 무엇보다도 세계의 주목을 받고 있다.

또한 서울대학교미술관이나 백남준아트센터, 경기도미술관, 이응노미술관, 핑크스뮤지엄, 그리고 전곡선사박물관과 경기도박물관 부설 어린이박물관 등도 외국건축가가 참여하여 이루어지고 있다. 이에 자극을 받아 우리나라의 뮤지엄건축도 이제는 새로운 전환기를 맞아 국제적인 수준으로 이를 수 있게 되기를 기대한다.

주

1) 古賀忠道 외 감수, 『博物館講座』 2권, p.3.
2) ICOM은 International Council of the Museums의 약어로 1946년 UNESCO 산하에 조직된 국제기구의 하나이다.
3) 각 지역별 뮤지엄의 개념과 형식변천에 관한 자세한 내용은 서상우의 『현대의 박물관 건축론』 참조.
4) 박종국, 「한·불 문화시설 건축세미나」, 한국건축가협회 주최, 1987.
5) 내셔널 몰 또는 근처에 위치한 것: ● Nat'l Air & Space Museum, ● Nat'l Museum of Natural History /Nat'l Museum of Man, ● Nat'l Museum of American History, ● Freer Gallery of Art, ● Arthur M. Sackler Gallery, ● Nat'l Museum of African Art, ● Arts & Industries Building, ● Hirshhorn Museum & Sculpture Garden, ● Nat'l Portrait Gallery, ● Nat'l Museum of American Art, ● Renwick Gallery of the Nat'l Museum of American Art(near the White House), ● Nat'l Postal Museum, (near Union Station), ● Anacostia Museum(in Fort Stanton Park), ● Nat'l Zoological Park (on Connecticut Ave., NW). 뉴욕시에 위치한 것: ● Cooper-Hewitt Nat'l Design Museum, ● Nat'l Museum of the American India.
6) 보다 상세한 내용은 서상우, 『새로운 뮤지엄건축』, 현대건축사 참조.
7) 구겐하임 미술관 및 빌바오에 관한 상세한 내용은 서상우, 『새로운 뮤지엄건축』 참조.

서상우, 「현대의 박물관 건축에 관한 계획학적 연구」, 홍익대학교 박사학위논문, 1988.

______, 『현대의 박물관 건축론』, 기문당, 1995.

______, 『세계의 박물관·미술관』, 기문당, 1995.

______, 『한국의 박물관·미술관』, 기문당, 1995.

______, 『새로운 뮤지엄건축』, 현대건축사, 2002.

______, 「정년퇴임기념 국제학술대회 Proceeding」, 2002.

______, 「복합박물관단지 조성을 위한 기초적 연구」, 『한국박물관건축학회 논문집』 제5호, 2002.

한국건축가 협회, 「한·불 문화시설 건축세미나」, 1987.

┌─**뮤지엄건축** 도시 속의 박물관과 미술관

초판발행 2005년 10월 17일 | 2쇄발행 2008년 12월 10일
지은이 서상우
펴낸이 심만수 | 펴낸곳 (주)살림출판사
출판등록 1989년 11월 1일 제9-210호

주소 413-756 경기도 파주시 교하읍 문발리 파주출판도시 522-2
전화번호 영업·(031)955-1350   기획편집·(031)955-1357
팩스 (031)955-1355
이메일 book@sallimbooks.com
홈페이지 http://www.sallimbooks.com

ISBN 89-522-0434-4 04080
      89-522-0096-9 04080 (세트)

* 잘못된 책은 구입하신 서점에서 바꾸어 드립니다.
* 저자와의 협의에 의해 인지를 생략합니다.

값 9,800원